U0120079
華志文化

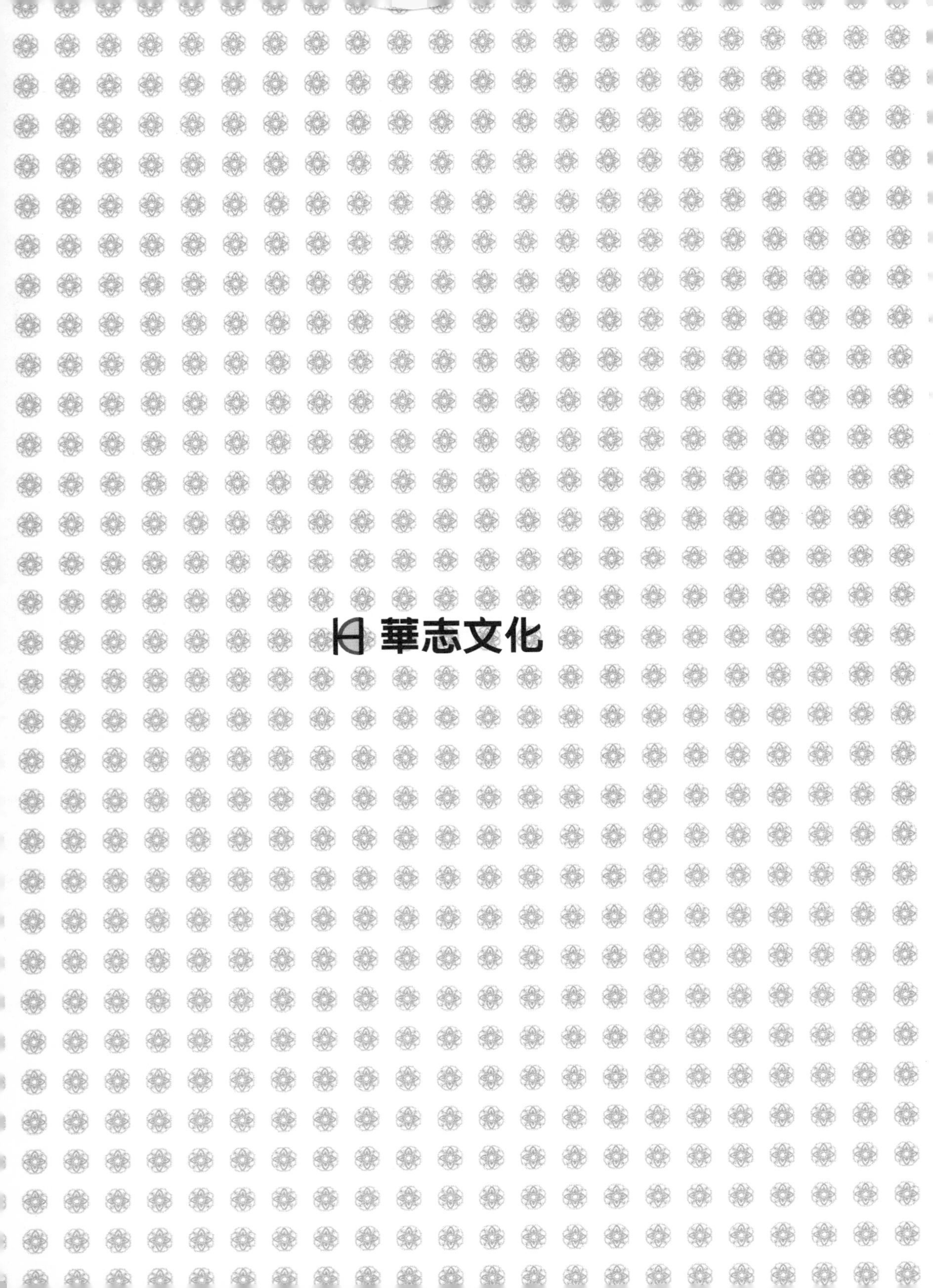
華志文化

捨得
人生是一個捨與得的歷程，
不以得喜，不以失悲
■ 劉襄淇 著

前言
讓有限的生命融於無限的大智慧

「捨」與「得」互為因果，如果能領略其中的深意，自然可以打破分別之心。佛無分別心。無分別心，即無煩惱牽掛，心境圓融通達，能使有限的生命融於無限的大智慧中。可見「捨得」之妙，妙在微言大意。隨著佛法的弘揚，「捨得」這一禪理，已經迅速滲透到老百姓的日常生活中，百年人生，不過是一捨一得的重複。

「捨得」一詞，本是佛家語，是「禪」的一種哲理。滾滾紅塵撲朔迷離，人生在世總會有捨有得。「捨得」，是人人為我、我為人人的人生境界，是一種時空的轉換，精神和物質的交流，人情和禮節的傳達，是物質世界的「流通」。「捨得」是一種精神，是一種領悟，是一種成熟，更是一種智慧，一種人生的境界。「捨得」二字，其實已經包括了人生全部的真知。

人生之道，貴在捨得。如果沒有一種豁達的心態，不管怎樣幸運的人，他的人生也不會真正完美快樂。人不可能永遠只是得，而從不捨。得，並不是非要我們事事精通，無所不能；捨，也並不是要我們去憤世嫉俗，遠離紅塵。做一個拿得起、

放得下的人，追求自己想要的生活，不被一些事情所牽絆。只有做到了這一點，你才會成為一個快樂而充滿魅力的人；也只有做到了這一點，你才會擁有一個成功而幸福的人生。

人生之道，貴在捨得。世上永遠沒有不長雜草的花園，人與人之間總會有各種各樣的摩擦。有雜草我們就要拔除，有摩擦我們就要解決。如果我們時時刻刻想著如何去報復對方，就會整日心事重重，內心極端壓抑，哪裡還會有開心可言，怨恨的累積將使我們的餘生在黑暗中度過。

佛經言：「一念境轉。」如果我們捨掉仇恨的包袱，回贈對方一個甜美的微笑，對方將會把陽光灑向大地，而我們也獲得了一份心靈的感動。古人云：「金無足赤，人無完人。」誰都有犯錯誤的時候，「知錯能改，善莫大焉。」既然如此，當一個人無意中犯下了錯誤，或是傷害了自己的時候，我們為何不能回報一個寬容的微笑呢？正所謂「渡盡劫波兄弟在，相逢一笑泯恩仇」，曾經的恩恩怨怨都會煙消雲散，暗淡無光的心靈從此會變得陽光明媚，碧空萬里無雲。

人生之道，貴在捨得。我們都是凡夫俗子，在面對金錢、名利等無盡的誘惑時，往往像一個欣賞美妙景色而目不暇接的遊客，貪多求全。欲望是人的本性，又是一頭難以駕馭的猛獸，它常常使我們對人生的捨與得難以把握，不是不及，便是過之，於是產生了太多的悲劇。

人生的悲苦莫過於欲望無邊而能力有限。一個裝滿了水的杯子，或者倒掉，才能再裝，這道理並不深奧，可惜這個簡單的道理卻並不是誰都能運用得隨心自如的。欲望應以明智控制，該得時你便得之，該失時你要大膽地讓它失去。不以得喜，不以失悲。有時你以為得到了，過些時候，你可能失去更多；有時你以為失去了不少，過些時候，卻有可能獲得更多。

失去了太陽，你會得到星光的照耀；失去了金錢，你也許會得到友情的滋潤；當生命也離開你的時候，你卻擁有了大地的擁抱。捨棄虛偽，就會獲得真實；捨棄無聊，就會獲得充實；捨棄浮躁，就會獲得踏實。

「捨得」既是一種生活的哲學，更是一種為人處世的藝術。「捨」與「得」就如水與火、天與地一樣，存於人生，存於心間，存於微妙的細節，概括了萬物運行的所有機理。萬事萬物均在捨得之中，達到和諧，達到統一。須知，想得便要捨，有捨才有得

目錄

目錄

第三章　捨棄束縛，時時給心靈洗滌

第四章　捨小利，成大得，卸下貪婪的包袱

第五章 成敗間有取捨，換個角度，失敗也是一種收穫

第六章 拿得起，放得下，給愛情一個自由的空間

第九章 清理人生，獲得快樂，讓幸福成為一種習慣

第一章

大棄大得，不棄不得，人生就是一個捨與得的過程

捨得是一種豁達的胸懷，是一種人生的境界。人要有所得必有所失，只有學會放棄，才有可能登上人生的巔峰。

1. 人生就是一個捨與得的過程

我們生活在這個世界上，有很多東西需要去面對、去追求，很多事情需要去選擇、去割捨。為人處世，魚與熊掌可以兼得的例子真的很少，你在得到一樣東西得同時也會失去另外一些事物。在得與失當中要想做出正確的選擇，是一件很痛苦的事情。

人生就是一個不斷選擇、不斷「獲得」與「失去」的過程。如果沒有一種豁達的心態，那麼不管怎樣幸運的人，他的人生也無法真正的完美及快樂。人不可能永遠只是獲得，而從不失去。獲得，並不是非要我們事事精通，無所不能；放棄，也並不是要我們去憤世嫉俗，遠離紅塵。

為人處事當中，做一個拿得起放得下的人，追求自己想要的生活，不被一些無謂的事情所牽絆。只有做到了這一點，你才會成為一個快樂而充滿魅力的人；只有做到了這一點，你才會擁有一個成功而幸福的人生。

我們只有真正把握了捨與得的道理與尺度，才有可能獲取開啟人生成功之門的鑰匙。要知道，百年的人生，也不過就是一捨一得的重複。

捨得，是一種人生的快樂；是一種淡泊的心態與領悟。

捨得，是一種人生的快樂；是一種淡泊的心態與領悟。

哲理感悟

捨得，是一種精髓、一種領悟；捨得，更是一種智慧，一種人生的境界。

2. 大棄大得，不棄不得

大棄大得，小棄小得，不棄不得！

在日常生活中，對於閒置之物的處理往往表現出一個人的思考方式。隨著人們生活水準的提高，物盡其用的概念已經成為多餘。現時，家家都有不少已被更新汰舊但並未完全喪失功能的物品，有些人家捨不得丟棄，日積月累，無用之物越積越多，等到堆放不下了，只能惋惜地集中扔掉，並在疲勞的同時慨歎著「早知今日，何必當初」。

有些人隨時淘汰那些不再需要的東西，省去了大量處理的精力，平時家中也顯得簡潔明快。其實人生又何嘗不是如此，即便過著平凡的日子，也依然會不斷地累積，大到人生感悟，小到一張名片，都是從無到有，積少成多。無論你的名譽、地位、財富、親情，還是你的煩惱、憂愁都有很多該棄而未棄或該儲存而未儲存的。人類本身就有喜新厭舊的嗜好，都喜歡煥然一新的，學會放棄也就成了一種境界，大棄大得，小棄小得，不棄不得。在生活中學會

遺忘不如意的時候，學會放棄生命中可有可無的東西，心胸自會坦然。

比如證券市場，要以平和的心態介入，胸襟坦然才能做到旁觀者清。股市是一個綜合智力的競技場，股票操作的前提是要發現股市中的規律，找到賺錢的方法，但必須學會放棄。不必天天滿倉，要像農民那樣根據不同的季節調整自己的狀態，儲備賺錢的方法。股市中存在賺錢的機會，但又沒有必贏的方法，當使用的方法行不通時就必須放棄。

有一個聰明的年輕人，很想在一切方面都比他身邊的人強，他尤其想成為一名大學問家。可是，許多年過去了，他的其他方面都不錯，唯獨學業卻沒有長進。他很苦惱，就去向一個大師求教。

大師說：「我們登山吧！到山頂你就知道該如何做了。」

那山上有很多晶瑩的小石頭，煞是迷人。每見到他喜歡的石頭，大師就讓他裝進袋子裡，很快，他就吃不消了。

「大師，再背，別說到山頂了，恐怕連動也不能動了。」他疑惑的望著大師。

「是呀，那該怎麼辦呢？」大師微微一笑：「該放下，不放下背上的石頭，怎能能登山呢？」大師笑了。

年輕人一愣，忽覺心中一亮，向大師道了謝走了。之後，他一心做學問，進步飛快

……

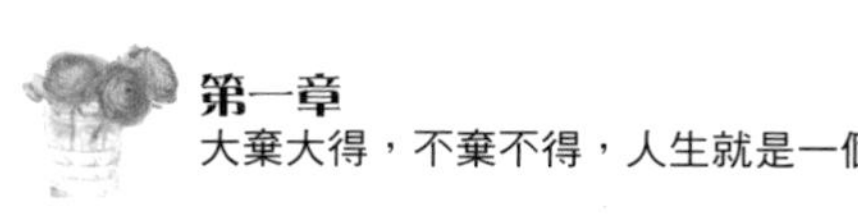

其實，人要有所得必有所失，只有學會放棄，才有可能登上人生的極致高峰。

我們很多時候羨慕在天空自由自在飛翔的鳥兒，人，其實也該像這鳥兒一樣的，歡呼於枝頭，跳躍於林間，與清風嬉戲，與明月相伴，飲山泉，覓草蟲，無拘無束，無羈無絆。這才是人類應有的生活。

然而，這世上終還有一些鳥，因為忍受不了饑餓、乾渴、孤獨乃至於「愛情」的誘惑，從而成為籠中之鳥，永永遠遠地失去了自由，成為人類的玩物。與人類相比，鳥面對的誘惑要簡單得多。而人類，卻要面對來自紅塵之中的種種誘惑。於是，人們往往在這些誘惑中迷失自己，從而跌入欲望的深淵，把自己裝入了一個打造精緻的所謂「功名利祿」的金絲籠裡。

這是鳥兒的悲哀，也是人類的悲哀。然而更為悲哀的是，鳥兒被囚禁於籠中，被人玩弄於股掌之上，就會歡呼雀躍，放聲高歌，呢喃學語，博人歡心；而人類置身於功名利祿的包圍中，就會自鳴得意，唯我獨尊。這，應該說是一種更深層次的悲劇。

人生在世有許多東西是需要不斷放棄的。在征途中，放棄對權利的追逐，隨遇而安，得到的是寧靜與淡泊；在淘金的過程中，放棄對金錢無止境的掠奪，得到的是安心和快樂；在春風得意，身邊美女如雲時，放棄對美色的佔有，得到的是家庭的溫馨和美滿。

古人云：「無欲則剛。」這其實是一種境界，一種修養。沒有太多的欲望，就會活得更加簡單，更加灑脫，更加自由。因此，我們在滾滾紅塵中，要懷有一顆平和之心，擋住各種誘惑；做一件平常事，學會放棄許多；當一個平凡人，簡簡單單的生活。

傳說有一種小蟲，每遇一物便取來負於背上，越積越重，又不願放下一些，終於被壓趴在地上。有人可憐它，幫它取下一些負重，它爬起來繼續前行，遇物又取之背負如故。又如緊閉的窗戶前的一隻蜜蜂，它不斷地振起翅膀向前衝去，撞上玻璃跌落下來，又振翅飛起撞過去……如是反覆不斷，直至力竭而死。

物類亦如此，較之物類，人更是固執。人總喜歡給自己加上負荷，不肯輕易放下，自謂為「執著」，執著於名與利，執著於一份痛苦的愛，執著於幻美的夢，執著於空想的追求。數年光華逝去，才磋歎人生的無為與空虛。我們總是固執的前進，由「我想做什麼」到「我一定要做到什麼」，理想與追求反而成為一種負擔。冥冥之中有人舉著鞭子驅使著我們去追趕，但是，我們追得到什麼？夸父始終也沒能追上太陽的東升西落。

適當的放棄何嘗不是一種美德。或許有另一扇窗戶開著，蜜蜂掉頭就能飛出去。外面是自由的天，有自由的地，自由的空氣，自由的心！

哲理感悟

懷抱一顆平和之心，擋住誘惑，學會放棄，堅持一方內心的淨土。古人云：「無欲則剛。」這其實是一種境界，一種修養。沒有太多的欲望，就會活得更加簡單，更加灑脫，更加自由。

3. 捨得之間

捨得捨得，有捨有得，不捨不得，先捨後得。

捨得本是佛教用語，教導人們放下執著，一切皆是虛幻，又何必執迷不悟，但捨得又何嘗不是歷經世事的頓悟。我們一生之中面臨太多的選擇，有些我們無暇去思考便匆忙做出決定，有些我們患得患失難於取捨。佛教講求因果輪迴，一切皆有因，一切皆是因，一切皆有果，一切皆是果。對於前生或者來生的虛無可以不必深究，但對於今生，我們應認真對待自己的選擇，這不僅僅關係到自己，還牽涉到我們身邊親近的每一個人。

捨得！捨不得！捨不捨得！從肯定到否定再到懷疑，始終沒有答案！

有人說其實捨得是兩個詞，有捨棄才會有獲得，所以人有時不能太執著於自己想獲得的東西，太執著最後往往忽略了事物本身，執著只是為了執著而已。就好像追求，太長久的等待變成自尊心的考驗，最後或許不是為了愛，只是為了挽回僅剩的自尊心和好勝心而已。人是很奇怪的動物，有時連自己也不知道自己有多少不知道的盲點，難怪有位哲人說：「人一生最大的任務就是認識你自己！」

但捨得又是最難的，因為不甘心，因為捨不得，所以我們成為執著的奴隸，我們不願意承認失敗，或許事物本身並沒有錯，錯誤的是我們不願意承認自己的失敗，哪怕我們最終爭

取的已經不再是自己想要的。

在你迷惑的時候便開始猶豫不決，開始懷疑自己的選擇，懷疑自己的付出是不是值得，捨不捨得放棄呢？很多時候懷疑就是捨棄的開始。

在人生的各個階段我們都會面對很多的選擇和捨棄，重要的不是我們獲得了什麼，也不是我們捨棄了什麼，重要的是，在忍受了那麼多失望和痛苦後，那最終的結果是否令我們快樂！當你付出了太多努力，忍受了太多失望和悲傷後，你的笑容還是不是發自內心的呢！

有捨才有得，世事原本如此。捨的越大，得的才會越大。釋迦牟尼捨身飼虎，才贏得大徹大悟大自在。信徒們各有其捨，各有其得。任何人都不是上天的唯一驕子，不會什麼好事都落在你頭上而不用付出努力。

如果你要上大學，首先你要付出十年寒窗；你要在事業上有所建樹，就要捨棄眾多遊戲時間；你要買房子，就要付出金錢，而金錢的得來，是靠你的努力工作；要想得到別人的尊敬，就要放下你的架子，忘記自己的名聲地位；甚至在商業談判中，要想獲得自己的最佳利益，也不要忘記給對方一點甜頭。你要獲得別人的友誼，就要先把自己的手伸出去。冷冰冰的拒人千里，不肯放棄自己哪怕一點點的小利，而只盤算從別人那裡得到什麼，你就不會得到別人的友誼。正所謂「用你的真心換我的笑容」。愛情也是如此，要想得到別人的愛，也要付出自己的愛。

捨得，還存在著一種選擇的藝術。人生路很漫長，我們遇到的事情很多，放棄什麼，選擇什麼，是一個需要認真考慮的問題。要學會放棄，學會取捨。你放棄了很多，也許恰恰你獲得了你渴望已久的最重要的那個。

有捨才有得，卻並不是捨了就必然能得到的。你付出了辛苦，不一定上得了大學；你踏踏實實地努力工作，卻也許不被上級重視；你付出了滿腔的熱情，或許得到的是被朋友背叛的苦痛；你把自己最真摯的愛情給了一個人，那個人卻不一定愛你，或者說愛你不如你需求的這麼多。不捨而不得，你不會痛苦，捨而不得，則令人五臟俱焚。這時候要靠修練、靠心性，靠你的一種虔誠。捨而不得是暫時的，只要你捨得是正途，早晚你會有所得。

哲理感悟

人生要捨得，但不要企盼太多，不要祈求超過你所能承受的重量。勇於放棄，淡然人生，超脫心境，就會得到幸福。

4. 生活要懂得取捨

容易知足的人是快樂的，不斷追求的人是勇敢的，懂得取捨的人是偉大的。

索取和付出其實密不可分。我們不知道命運將會如何安排，只是抱著隨遇而安的心態去迎接。不去追求那些遙不可及的東西，看來很灑脫。其實這也不過是有時候為了偷懶給自己找的藉口罷了！

生活並不簡單，有時候還是要懂得去付出並且索取，懂得取捨不容易！很努力地付出後，並沒能得到想要的回報，心裡當然會很沮喪。在不斷檢討和反省自己之後，便懂得了捨棄。不期而遇的幸運降臨時，反而會有不知所措的感覺。在回顧以往的努力經歷後，便暗自感歎幸運的來之不易。

生活中有許多已錯過的事，現在細細想來，都是徘徊在「取捨」之間。拿捏得當，才是深諳「取捨」的真諦！

人的情感總是希望有所得，以為擁有的東西越多，自己就會越快樂。所以，這一人之常情就迫使我們沿著追尋獲取的路走下去。可是，有一天，我們忽然驚覺：我們的憂鬱、無聊、困惑、無奈、一切不快樂，都和我們的要求有關，我們之所以不快樂，是因為我們渴望擁有的東西太多了，或者，太執著了，不知不覺，我們已經執迷於某個事物了。

譬如說，你愛上了一個人，而他（她）卻不愛你，你的世界就微縮在對他（她）的感情上了，他（她）的一舉手、一投足，都能吸引你的注意力，都能成為你快樂和痛苦的根源。有時候，你明明知道那不是你的，卻想去強求，或可能出於盲目自信，或過於相信精誠所至、金石為開，結果不斷地努力，卻遭來不斷的挫折。有的靠緣分，有的靠機遇，有的得需要人

們能以看山看水的心情來欣賞，不是自己的不要強求，無法得到的就放棄。

我們在生活中，時刻都在取與捨中選擇，但是我們又總是渴望著取，渴望著佔有，常常忽略了捨，忽略了佔有的反面——放棄。懂得了放棄的真意，也就理解了「失之東隅，收之桑榆」的妙諦。懂得了放棄的真意，靜觀萬物，就能夠體會與世界一樣博大的境界，我們自然會懂得適時地有所放棄，這正是我們獲得內心平衡，獲得快樂的好方法。

生活有時會逼迫你，不得不交出權力，不得不放走機遇，甚至不得不拋下愛情。你不可能什麼都得到，生活中應該學會放棄。放棄會使你顯得豁達豪爽。放棄會使你冷靜主動，放棄會讓你變得更智慧和更有力量。

什麼應該放棄呢？放棄失戀帶來的痛楚，放棄屈辱留下的仇恨，放棄心中所有難言的負荷；放棄浪費精力的爭吵，放棄沒完沒了的解釋；放棄對權力的角逐，放棄對金錢的貪欲，放棄對名利的爭奪……一切源於自私的欲望，一切惡意的念頭，一切固執的觀念都應該放棄。

然而，放棄並不是一件很容易的事，需要很大的勇氣。面對諸多不可為之事，勇於放棄，是明智的選擇。只有毫不猶豫地放棄，才能重新輕鬆地投入新生活，才會有新的發現和轉機。生活中缺少不了放棄，大千世界，取之棄之是相互伴隨的，有所棄才有所取。人的一生是放棄和爭取的矛盾個體，瀟灑地放棄不必要的名利，執著地追求自己的人生目標。

學會放棄，本身就是一種淘汰，一種選擇，淘汰掉自己的弱項，選擇自己的強項。放棄

不是不思進取，恰到好處的放棄，而是為了更好地進取，常言道：退一步，海闊天空。

人生短暫，與浩瀚的歷史長河相比，世間一切恩恩怨怨，功名利祿皆為短暫的一瞬，福兮禍所伏，禍兮福所倚。得意與失意，在人的一生中只是短短的一瞬。行至水窮處，坐看雲起時。古今多少事，都付之於談笑中。

關於放棄，還有一個古老的故事：

有一個很會游泳的人，有一天他帶著很多的銀兩坐船要到對岸去，船到河中央突然進水，要沉下去了，船上的人都跳下水裡逃生了，那個很會游泳的人當然也跳下水了，可是等了好長的時間，別人都已經游到岸上了，那個人還在河中。

岸上就有人問他：「你不是最會游泳的嗎？怎麼還游得那麼吃力？」

那個人回答說：「我是很會游泳，但現在我身上帶了很多的銀兩，所以，游起來當然很吃力了。」

岸上的人說：「那你快把那銀兩扔了不就得了嗎？」

水裡的人回答說：「這可是銀子，多捨不得啊！」

岸上的人勸說：「你都快生命不保了，還管什麼銀子？」

但是那個人說什麼也不扔掉銀子。一陣水浪撲來，水裡的人連他的銀子一同沉到了

河底。

的確，對人類而言，錢財確實非常重要，擁有錢等於使你擁有了許多物質資源，人要生存就需要物質資源，但是，如果連生命都沒有了，那其他的身外之物又有什麼價值呢？

事物的發展變化是由事物本身的矛盾相互作用所決定的，也就是相互鬥爭的結果，我們不否認矛盾是普遍存在的，但我們更應該記住，事物的發展變化不可能兼顧相互鬥爭的兩種矛盾的。正所謂魚和熊掌不可兼得，多數情況下忠與義也一樣不可兼得。

懂得捨棄，其實就是要懂得如何選擇，就是要知道怎樣去維護自己更重要的利益。

但是，真正的懂得捨棄，就是件很難的事了，也許在我們自己的生命和金錢發生矛盾時，我們會選擇前者，但是，當國家的利益和我們自己的利益發生矛盾時，大多數人卻很難不選擇後者。之所以他們會選擇後者，是因為他們認為自己的利益高於國家的利益。

實際上，之所以我們常常為「捨棄」而苦惱，也正是因為我們對人生觀、世界觀、價值觀的錯誤理解導致的。金錢第一者認為，有了金錢就有了一切，所以和金錢矛盾者，均予以堅決消滅，這也正是為什麼有那麼多奸商存在的原因了；享受第一者認為，人活著就是要享受，正所謂今朝有酒今朝醉，為了享受，什麼都不重要，什麼都應捨棄，這也正是為什麼有那麼多社會亂象存在的原因了。

懂得捨棄，珍惜自己。做一個無愧於國家，無愧於人民，無愧於父母，無愧於自己內心

的人。

哲理感悟

學會放棄，本身就是一種淘汰，一種選擇，淘汰掉自己的弱項，選擇自己的強項。放棄不是不思進取，恰到好處的放棄，而是為了更好地進取，常言道：「退一步，海闊天空。」

5. 把握人生命運需要正確的取捨

一個人做出正確的取捨，才能把握命運。

每個人都有著不同的發展道路，面臨著人生無數次的抉擇。當機會接踵而來時，只有那些樹立遠大人生目標的人，才能做出正確的取捨，把握自己的命運。

樹立了遠大目標，面對人生的重大選擇就有了明確的衡量準繩。孟子曰：「捨生取義」，這是他的選擇標準，也是他人生的追求目標。著名詩人李白曾有過：「仰天大笑出門去，我輩豈是蓬蒿人」，瀟灑傲岸之中，透出自己建功立業的豪情壯志。憑藉生花妙筆，他很快名

揚天下，榮登翰林學士位這一古代文人夢寐以求的事業巔峰。

但是，一段時間之後，他發現自己不過是替皇上點綴昇平的御用文人。這時的李白就面臨一個選擇，是繼續安享榮華富貴，還是走向江湖窮困潦倒呢？以自己的追求目標作衡量標準，李白毅然選擇了「安能摧眉折腰事權貴，使我不得開心顏」，棄官而去。

一些看似無謂的選擇其實是奠定我們一生重大抉擇的基礎，古人云：「不積跬步，無以至千里；不積小流，無以成江海」，無論多麼遠大的理想，偉大的事業，都必須從小處做起，從平凡處做起，所以對於看似瑣碎的選擇，也要慎重對待，考慮選擇的結果是否有益於自己樹立的遠大目標。

很多人覺得讀書之餘暫時放鬆一下不會影響什麼，確實，勞逸調合對讀書來說是十分必要的。但是，書沒讀完而去玩遊戲，明天就要考試今天卻去遊玩而不複習，這樣的選擇多了，就會陷入享樂的誘惑不能自拔，進取心就會逐步喪失。

新聞經常報導，中小學生癡迷打網路遊戲，從曠課發展至翹課，甚至流連網咖，夜不歸宿，有的還陷入犯罪的深淵。他們當初面臨選擇讀書還是玩樂時，也認為自己只是暫時放鬆一下，但幾次之後，便已失去了自己樹立的遠大目標，身陷迷途。就大學考而言，大學系統教育是我們實現自己人生目標的必要輔助手段，用上網遊戲時間或遊玩等休閒時間努力念書，是為了實現上大學的近期目標，放棄自己的一些愛好是值得的，暫時的代價也就有了付出的充分理由。

曾看到這樣一則故事：

一隻老鷹被人鎖著。牠見到一隻小鳥唱著歌兒從牠身旁掠過，想到自己卻……於是牠用盡全身的力量，掙脫了鎖鍊，但是牠也掙斷了自己的翅膀。

牠用折斷的翅膀飛翔著，沒飛多遠，牠那血淋淋的身軀還是不得不掉落在地上。老鷹嚮往小鳥的自由，掙脫了鎖鍊，卻犧牲了自己的翅膀。自由的代價原來是犧牲自己的翅膀，如此一來也犧牲了自由。

自由和束縛本來就是孿生兄弟。「不自由，毋寧死。」自由是人生最佳境界，提起自由，無不為之悠然神往。然而在現實生活當中，自由似乎都被束縛如同鎖鍊般拴扣著。「鷹擊長空，魚翔淺底」這都是真的嗎？我問自己。就讓自己活在夢境當中，當它是真的吧！但是長空的老鷹掙脫有形的束縛之後，卻不知自己又被內心的欲望這條無形的鎖鍊鎖著。當牠餓了、渴了，回歸的還是那張高張的羅網。

有句俗話：「成人不自在，自在不成人。」一個人一生一世，熙熙攘攘，挑肥揀瘦，朝三暮四，為了什麼，還不是在為自己選擇一條鎖鍊嗎？古人云：「福兮禍之所倚，禍兮福之所伏。」當你福禍並臻，名利雙收之際，也就招來了雙重的捆綁，戴上了雙重的鎖鍊。這就是自己的代價。所以有時候，一個人應該學會——放棄自由。

古時有位高人在給慕名前來學習的人第一次講道理時，他先拿了一滿杯黑顏色的水，然後再往這杯子裡倒清水。杯裡的水不斷外溢，而杯中水仍有黑顏色混在其中。這時，那高人對求學者說：「要想得到一杯清水，必先倒掉髒水，洗淨杯子，學習也是如此。」

有追求必有所放棄，學習也是如此。要在學業上有更大的進步，就需要不斷拋棄陳舊的觀念，更新知識，不斷調整改變思考方式。法國生理學家貝爾納說：「構成我們學習上最大障礙的是已知的東西，而不是未知的東西。」愛因斯坦也說過：「我不久學會了識別那些導致深邃知識的東西，而把其他許多只是充塞耳目、會轉移主要目標的東西撇下不管。」論證時可結合自己的學習體會。

放棄，對每一個人來說，都有一個痛苦的過程，因為放棄就意味著永遠不再擁有；但是，不會放棄，想擁有一切，最終你將一無所有，這是生命的無奈之處。如果你不放棄眼前的熱烈，就無法享受花前月下的溫馨……生活給予我們每個人的都是一座豐富的寶庫，但你必須學會放棄，選擇適合你自己應該擁有的，否則，生命將難以承受！

一個決定可以改變一個人的命運，這個決定是對是錯，恐怕要用一生作賭注。其實，有未必真得，無未必真失，有無隨緣、得失在心，人生的遭遇不可用「得失」二字定論。愛過又痛過，才算了解愛，雖然這愛、性味苦澀、無花無果，只在心裡生長，只任歲月將它磨蝕

……好在有時間這帖藥，它根治不了你的傷，或許能慢慢止住你的痛。

哲理感悟

如果你不放棄眼前的熱烈，就無法享受花前月下的溫馨……生活給予我們每個人的都是一座豐富的寶庫，但你必須學會放棄，選擇適合你自己應該擁有的，否則，生命將難以承受！

6. 放棄的勇氣

如果抓住想要的東西不放，甚至貪得無饜，就會帶來無盡的壓力，甚至毀滅。晉代陸機《猛虎行》有云：「渴不飲盜泉水，熱不息惡木陰。」講的就是在誘惑面前的一種放棄、一種清醒。

以虎門銷煙聞名中外的清朝封疆大吏林則徐，便深諳放棄的道理。他以「無欲則剛」為座右銘，歷官四十年，在權力、金錢、美色面前做到了潔身自好。他教育兩個兒子「切勿仰仗乃父的勢力」，實則也是其人處世的準則；他在《自定分析家產書》中說：「田地家產折價三百銀有零」、「況目下均無現銀可分」，其廉潔之狀可見一斑；終其一生，他從來沒有沾染擁姬納妾之俗，在高官重臣之中恐怕也是少見的。

在我們的現實生活中，也需要有一種放棄的清醒。其實，在物慾橫流、燈紅酒綠的今天，擺在每個人面前的誘惑實在太多，特別是對有權者來說，可謂「得來全不費工夫」。這就需要保持清醒的頭腦，勇於放棄。如果抓住想要的東西不放，甚至貪得無饜，就會帶來無盡的壓力、痛苦與不安，甚至毀滅自己。

人生是複雜的，有時又很簡單，甚至簡單到只有取得和放棄。應該取得的完全可以理直氣壯，不該取得的則應當毅然放棄。取得往往容易心地坦然，而放棄則需要巨大的勇氣。若想駕馭好生命之舟，每個人都面臨著一個永恆的課題：學會放棄！

不要怕選擇錯誤，因為錯誤常常是正確的先導。

「魚，我所欲也；熊掌，亦我所欲也，二者不可得兼，捨魚而取熊掌也。」當我們面臨選擇時，我們必須學會放棄。放棄，並不意味著失敗。像下圍棋一樣，小的利益雖然放棄，得到的卻是更大的利益。但如果想兼得「魚和熊掌」，到時候恐怕連魚也得不到了。

在滑鐵盧大戰中，大雨造成的泥濘使炮兵移動不便。拿破崙不甘心放棄最拿手的炮兵，而若推遲時間，敵方增援部隊有可能比援軍先趕到，後果不堪設想。然而，在躊躇之間，數小時過去，對方援軍趕到。結果，戰場形勢迅速扭轉，拿破崙遭到了慘痛的失敗。拿破崙的失敗足以證明：在人生緊要處，在決定前途和命運的關鍵時刻，我們不能猶豫不決，而必須

明於決斷，勇於放棄。卓越的軍事家總是在最重要的主戰場上集中優勢兵力，全力以赴去爭取勝利，而甘願在不重要的戰場上做些讓步和犧牲，坦然接受次要戰場上的損失和恥辱。

同樣，在人生的戰場，我們必須善於放棄，而傾注自己的時間和精力於主戰場上，不必計較次要戰場的得失與榮辱。在我們的求學生活中，學會放棄同樣重要。當你路過籃球場或足球場時，看到別人正盡興比賽，聽到那歡快的笑聲時，能不動心嗎？但這時，我們必須放棄一項：去悶熱的教室裡念書，或是在涼爽的綠茵球場上活動。斟酌損益，放棄後者而取前者，因為我們的前途比短暫的歡樂更為重要。

我們應當學會放棄，並且勇於放棄，不要為一點利益斤斤計較，不要怕選擇錯誤，因為錯誤常常是正確的先導，它教會我們逐漸學會放棄。其實，在生活中，我們必須學會放棄，學會可以為了一棵樹而放棄整個森林，這也許便是另一種珍惜。未來是不可知的，而對眼前的這一切，我們還來得及把握，還可以在無限中珍惜這些有限的事物！

人生，也就在這種放棄與珍惜之中得到昇華！

哲理感悟

我們應當學會放棄，並且勇於放棄，不要為一點利益斤斤計較，不要怕選擇錯誤，因為錯誤常常是正確的先導，它教會我們逐漸學會放棄。

7. 放棄是一種智慧

放棄與獲得其實是一對孿生姐妹，就像美與醜，偶然和必然，歡樂與悲傷，擁有與失去，看似互相對立，互相矛盾，實則互相關聯，只在心念一動之間便翻天覆地，滄海桑田。

且看世間萬物的放棄與獲得吧！曇花一現放棄了白天的絢爛，卻帶來了黑暗中綻放的生命；落葉歸根放棄了生命，卻帶來了春的希望；青蛙冬眠放棄了冰雪中的榮耀，卻得到了新的活力！天空在擁有太陽的輝煌時放棄了漫天的星光，梨樹在擁有果實時放棄了純潔的花朵，水珠在滴入河流時放棄了露水的晶瑩。

大自然如此，人也亦然。三毛的放棄成就了她傳奇般的一生；陶淵明歸隱田園，放棄的是世俗腐化的官場，得到的是悠閒的生活與返璞歸真的文化境界；屈原在縱身躍入汨羅江的一剎那，放棄了生命，得到的是純潔的靈魂；魯迅面對中國的現實毅然放棄了學醫，成了文學界的泰山北斗，用犀利的文字喚醒了沉睡的雄獅；蘇武面對威逼利誘，堅決放棄了敵方的高官厚祿，成了階下囚，卻以堅貞的使節成就了千古佳話；南丁格爾面對簡陋的醫療條件勇敢地放棄了富裕的家庭，做了低卑的護士，卻領導了一代代的白衣天使。

可見，擁有和放棄真是一對「冤親家」，因為擁有的時候我們也許正在失去，放棄的時候，也許又在重新獲得，其實生命就在擁有和放棄中昇華與循環。

人們為什麼總是不能放棄或者不願意放棄呢？我想一方面人的欲望是無窮的，魚與熊掌都想「兼得」；另一方面大約是因為執著，人為放棄其實是懦弱、背叛和無能。還有就是放棄太艱難，是痛苦的。

人生有太多的誘惑，不懂得放棄，只能在誘惑的漩渦中喪生。人生有太多的欲望，不懂得放棄，就會在人生的道路上迷失方向。人生有太多的無奈，不懂得放棄，就只能與憂愁相伴，但願我們都能學會放棄，學會選擇我們的生活。大千世界中，需要放棄的東西原本很多，沒有任何一個人可以擁有整個世界，對於不應該屬於我們的，更要勇敢的放棄。在追求之中放棄，放棄之中追求。

人始終只有兩隻手，大不了一手拿一樣，嘴巴啣一樣，還能怎樣呢？因為一個人不管多富有，死了只需要能有安葬的地方就夠了；不管一個人多能幹，沒有你這地球一樣要轉動；不管一個人是偉大或者渺小，生命都會只在這世界中走一遭。

世間有太多美好的事物、美好的人存在。對沒辦法擁有的美好，我們一直在苦苦的嚮往與追求，似乎，有意無意間，那已成為我們活著的一大目的，為了獲得，而後更多的獲得，我們忙忙碌碌，稀裡糊塗，真正的所需所想往往要在經歷許多流年後才會明白，甚至窮盡一生也不知所終！而對已經擁有的美好，我們又因為常常得而復失的經歷而存在一份忐忑與擔心。

真正的聰明人懂得見風使舵，成功的人知道左右逢源，其實放棄的至高境界就成了靈活。所謂戶樞不蠹，流水不腐講的也是這個道理。

堅守信仰本沒有錯，但故步自封卻是不可取的，所以，該放手時就該放手，因為前方的路還要我們去走，精彩還在更後頭。放棄，可以輕裝奮發前進；放棄，可以擺脫煩惱，擺脫糾纏，將整個身心沉浸到輕鬆悠閒的寧靜中去；放棄還會改善你的形象，使你顯得豁達豪爽；放棄，更會使你贏得眾人的信任從而掌握主動；放棄會讓你變得精明，更能幹、更有力量。

倘若知道了堅持沒有結果，固執便只是徒勞，這時候，放棄又何妨？其實放棄不是輸贏的結果，更不是懦弱的表現，放棄是一種大度，一種釋然，更是一種豁達。真的放棄了，你還可以發現，它還是一種脫胎換骨的境界，一種不言而喻的輕鬆，在心頭折磨了你多年讓你進退維谷的念頭就那麼悄無聲息地離你而去了，除了欣喜，你不該感激放棄嗎？

其實，有的時候，放棄一些東西並不代表你對它已經沒有了眷戀，而是你知道它在你的心中的位置已經比自己的生命更重要，所以才不得不強忍傷痛的放棄，放棄並不是對追求的背叛，相反，有時倒更能執著於其間。

要想採一束清新的野花，就得放棄城市的舒適；要想做一名登山健兒，就得放棄嬌嫩白淨的皮膚；要想穿越沙漠，就得放棄冰涼的咖啡和可樂；要想永遠獲得掌聲，就得放棄眼前的虛榮。

哲理感悟

放棄與獲得其實是一對孿生姐妹，就像美與醜，偶然和必然，擁有與失去，看似互相對立，互相矛盾，實則互相關聯，只在心念一動之間便翻天覆地，滄海桑田。

8. 明智的捨棄會是一種更大的獲得

從我們來到這個世界上，我們就在面臨著取捨的考驗，得失的考驗。

醫學院有一位叫周志偉的學生，在他全力以赴準備考研究所的關鍵時刻，為了救一位叫周蘭芳的患者，為了履行他志願捐獻造血幹細胞的誓言，竭力說服父母，毅然放棄了考試，捐獻出了救命的骨髓。的確，這個決定讓憨厚的周志偉猶豫了好幾天，最後他對同學說：「生命不能等待，這次手術如果成功了，會是我一生中最有意義的事情。而考試，將來還有機會。」周志偉說：「將自己的快樂與他人分享，快樂就會加倍；將自己的生命與他人共用，生命就會延長。」因為捨棄，周偉得到了快樂，得到了社會的認可，得到了我們的尊重。

世間美好的東西實在太多，我們總是希望得到的太多。人生如白駒過隙一樣短暫，生命在擁有和失去之間，不經意地流失了。欲望不死，追求就不會停止。但理想與現實的差距，讓我們不得不學會取捨，當魚和熊掌不可兼得之時，或者捨魚而取熊掌，或者棄熊掌而獲魚。身處兩難境地，到底取哪個更好，是對人心的考驗，是對智慧和勇氣的考驗。

失去了太陽，你還有星光的照耀；失去了金錢，還能得到友情，當生命也離開你時，你卻擁有了大地的親吻。捨棄虛偽，就會獲得真實；捨棄無聊，就會獲得充實；捨棄浮躁，就會獲得踏實。《老子》言：「禍兮福之所倚，福兮禍之所伏。」俗語說，有得必有失；反過來，有失必有得。因而得到了不一定就是好事，失去了也不見得就是壞事。不論是有意的丟棄，還是意外的失去，總有一些東西你會得到，短暫的痛苦若能換來長久的快樂，一時的付出若能得到永遠的安寧，又有什麼不可以呢？誰能說明智的捨棄不是一種更大的獲得呢？

哲理感悟

俗語說，有得必有失；反過來，有失必有得。因而得到了不一定就是好事，失去了也不見得就是壞事。不論是有意的丟棄，還是意外的失去，總有一些東西你會得到，短暫的痛苦若能換來長久的快樂，一時的付出若能得到永遠的安寧，又有什麼不可以呢？誰能說明智的捨棄不是一種更大的獲得呢？

9. 我們在追求什麼

在墨西哥海岸邊，有一美國商人坐在一個小漁村的碼頭上，看著一個墨西哥漁夫划著一艘小船靠岸，小船上有好幾尾大黃鰭鮪魚。這個美國商人對墨西哥漁夫抓住這麼高檔的魚恭維了一番，問他要多長時間才能抓這麼多？

墨西哥漁夫說：「才一會兒工夫就抓住了。」美國人再問：「你為什麼不待久一點，好多抓一些魚？」墨西哥漁夫覺得不以為然：「這些魚已經足夠我一家生活所需啦！」美國人又問：「那麼你一天剩下那麼多時間都在做什麼？」

墨西哥漁夫解釋：「我呀？我每天睡到自然醒，出海抓幾條魚，回來後跟孩子們玩一玩，再跟老婆睡個午覺，黃昏時晃到村子裡喝點小酒，跟哥兒們玩玩吉他，我的日子可過得充實又忙碌呢！」

美國商人不以為然，幫他出主意，他說：「我是美國哈佛大學企管碩士，我倒是可以幫你忙！你應該每天多花一些時間去抓魚，到時候你就有錢買一條大一點的船。自然你就可以抓更多的魚，再買更多的漁船，然後你就可以擁有一個漁船隊。到時候你就不必把魚賣給魚販子，而是直接賣給加工廠，或者你可以自己開一家罐頭工廠，如此你就可以控制整個生產、加工處理和行銷，然後你可以離開這個小漁村，搬到墨西哥城，再搬到洛杉磯，最後搬到紐約，在那裡經營你不斷擴充的企業。」

墨西哥漁夫問：「這要花多少時間呢？」

美國人回答：「十五年到二十年。」

墨西哥漁夫問：「然後呢？」

美國人大笑著說：「然後你就可以在家當皇帝啦！時機一到，你就可以宣布股票上市，把你的公司股份賣給投資大眾。到時候你就發啦！你可以幾億幾億地賺！」

墨西哥漁夫問：「然後呢？」

美國人說：「到那個時候你就可以退休了！你可以搬到海邊的小漁村去住。每天睡到自然醒，出海抓幾條魚，回來後跟孩子們玩一玩，再跟老婆睡個午覺，黃昏時晃到村子裡喝點小酒，跟哥兒們玩玩吉他！」

墨西哥漁夫聞言，疑惑地問：「可是我現在就在這麼做了啊？」

人生中有時我們擁有的內容太多太亂，我們的心思太複雜，我們的負荷太沉重，我們的煩惱太無緒，誘惑我們的事物太多，大大地妨礙我們，無形而深刻地損害我們。

我們的人生要有所獲得，就不能讓誘惑自己的東西太多，心靈裡累積的煩惱太亂雜，努力的方向過於分歧。我們要簡化自己的人生。我們要經常地有所放棄，要學會經常否定自己，把自己生活中和內心裡的一些東西斷然放棄掉。

如果我們永遠憑著過去生活的慣性和日常世故的經驗，固守已經獲得的功名利祿，想要獲取所有的權錢職位，什麼風光利益都要去爭，什麼樣的生活方式都讓我們眼花撩亂，什麼朋友熟人都不願意得罪，這樣我們會疲於應付，把很多時間和精力都花在無謂的紛爭和無窮的耗費上。不僅自己的正常發展受到限制，甚至迷失自己真正應該前行的方向。

在人生的一些關口，我們的生命中會長出一些雜草害蟲，侵蝕我們美麗豐富的人生花園，攪亂我們幸福的家園，我們就要學會剷除和放棄這些雜草。放棄不適合自己的職業，放棄異化扭曲自己的職位，放棄曝露你的弱點缺陷的環境和工作，放棄實權虛名，放棄人事的紛爭，放棄變了味的友情，放棄失敗的戀愛，放棄破裂的婚姻，放棄沒有意義的交際應酬，放棄壞的情緒，放棄偏見惡習，放棄不必要的忙碌壓力。

放棄我們人生田地和花園裡的這些雜草害蟲，我們才有機會，同真正有益於自己的人和事親近，才會獲得適合自己的機會，我們才能在人生的土地上播下良種，致力於有價值的耕種，最終收穫豐碩的糧食，在人生的花園採摘到鮮麗的花朵。

放棄得當是對「圍剿」自己的藩籬的一次突圍，是對消耗你精力的事件的有力回擊，是對浪費你生命的敵人的掃射，是你在更大範圍去發展生存的前提。

放棄得當，是對捆綁自己的背包的一次清理，丟掉那些不值得你帶走的包袱，拿走拖累你的行李，你才可以簡捷輕鬆地走自己的路，人生的旅行才會更加愉快，你方可登得高行得遠，看到更美的人生風景。

哲理感悟

放棄我們人生田地和花園裡的這些雜草害蟲，我們才有機會，與真正有益於自己的人和事親近，才會獲得適合自己發展的機會，我們才能在人生的土地上播下良種，致力於有價值的耕種，最終收穫豐碩的糧食，在人生的花園採摘到鮮麗的花朵。

10. 把不幸當作幸福的起點

米契爾曾經是一個不幸的人，一次意外事故使他身上六十五％以上的皮膚都燒壞了，為此他動了十六次手術。手術後他無法拿起叉子，無法撥電話，也無法一個人上廁所。但以前曾是海軍陸戰隊員的米契爾並不認為自己被打敗了，他說：「我完全可以掌握我自己的人生之船，我可以選擇把目前的狀況看成倒退或是一個起點。」他選擇了起點。六個月之後，他又能開飛機了。

後來，米契爾為自己在科羅拉多州買了一幢維多利亞式的房子，另外還買了一架飛機及一家酒吧，不久他和兩個朋友合資開了一家公司，專門生產以木材為燃料的爐子，這家公司後來變成了佛蒙特州第二大私人公司。

但是，在旁人看來，不幸總是圍繞著他。在米契爾開辦公司的第四年，一次飛機起飛時發生意外，他的十二節脊椎骨被壓得粉碎，腰部以下永遠癱瘓！但米契爾仍然不屈不撓，絲毫不放棄，並日夜努力使自己能達到最高限度的獨立自主。他被選為科羅拉多州孤峰頂鎮的鎮長，以保護小鎮的美景及環境，使之不因礦產的開採而遭受破壞。他後來也競選國會議員，他用一句「不只是另一張小白臉」的口號，將自己難看的臉轉化成一項有利的資產。

儘管面貌駭人、行動不便，米契爾卻墜入愛河，且完成了終身大事，也拿到了公共行政碩士證書，並堅持他的飛行活動、環保運動及公共演說。米契爾說：「我癱瘓之前可以做一萬件事，現在我只能做九千件，我可以把注意力放在我無法再做的一千件事上，或是把目光放在我還能做的九千件事上，告訴大家說我的人生曾遭受過兩次重大的挫折，如果我能選擇不把挫折拿來當成放棄的藉口，那麼，或許你們可以從一個新的角度來看待一些一直讓你們裹足不前的經歷。你可以退一步，想開點，然後你就有機會說：『或許那也沒什麼大不了』！」

「或許那也沒什麼大不了」，正是因為有了這樣的積極心態，很多人才會以驚人的毅力面對困境，最終尋求到了人生的光明。

對於既漫長又短暫的一生來說，挫折是必然的，但我們應該有信心去相信陽光總在風雨

後。一個人要在激烈的競爭中致勝，要想有一個幸福的人生，就必須把不幸當作幸福的起點，培養堅韌的心態，從自己的內心激勵自我，告訴自己：那沒什麼大不了的。

貝多芬雙耳失聰，終奏響他的命運交響曲；奧斯特洛夫斯基雙目失明，終寫成世界名著《鋼鐵是怎樣煉成的》；司馬遷遭受宮刑，忍辱負重，終成「史家之絕唱」……這些遭遇坎坷的偉人，並非因為他們是偉人所以坎坷，而正是在經歷這等坎坷的歷程後，他們得以磨礪，才會發光，成為人類文明史上燦爛的辰星！不經歷風雨怎能見彩虹？每當面臨人生重大挫折，我們或是卻步後退，或是勇敢向前，一前一後，人與人由此劃開界線：懦弱的、勇敢的、自信的、自卑的、樂觀的、悲觀的、積極的、消極的……正向面對眼前的挫折，把挫折化為挑戰，把消極因素轉化為動力，或許不是每個人，每一次都會成功，但我能肯定，到那時，回首過去，你會毫無怨言地說：「我不後悔，我已盡力，此生無憾！」你是否也能如此？請現在從身邊做起！

偉人之所以能成為偉人，是因為他們往往經歷了常人所沒有經歷過的挫折，並且戰勝了它，因此，才會有比常人更突出的成就。溫室裡的花朵永遠經受不了野外的暴風雪，只有高高挺立的松柏才能四季長青。不經歷風雨怎麼見彩虹？既然在我們的生活中無法避免挫折，那麼就讓我們勇敢地去面對。縱使結果不如我們所預期的那樣，至少我們也曾努力過，這樣我們也就無愧於心了！

哲理感悟

對於既漫長又短暫的一生來說，挫折是必然的，但我們應該有信心去相信陽光總在風雨後。既然在我們的生活中無法避免挫折，那麼就讓我們勇敢地去面對。縱使結果不如我們所預期的那樣，至少我們也曾努力過，這樣我們也就無愧於心了！

11. 路要讓一步，何必走獨木橋

《菜根譚》裡說：「經路窄處，留一步與人行；滋味濃的，減三分讓人嘗。此是涉世一極安樂法。」

「路要讓一步，味需減三分」，每一個人都有自己的處世哲學，有的人含蓄、謹慎，為人謙和大方、舉止高雅；而有的人卻與此相反，一旦遇到了牽涉自己的利益，就互不相讓，甚至惡語相加，耿耿於懷，更有甚者打擊報復，害人害己，結果走上了犯罪的道路，這也是屢見不鮮的。

有一次，在下班坐車的路上，曾經看到這樣的一件小事：

一位穿著比較體面的中年男子，他拿著一個公事包上了車以後，就站在了中間的位置上，這時候有一個中學生放學也坐這輛車，他上車時不小心碰掉了那個中年男子的公事包，這個中學生立即向那位中年男子賠禮道歉。可是，那個中年男子卻說，是這個中學生故意碰掉他的公事包的，他不僅破口大罵那個中學生，而且還打了那個學生兩個巴掌……車上有的人看不過，就說那個中年男子蠻橫無理，沒有氣度休養，結果那個中年男子又破口大罵車上仗義執言的人，車上所有的乘客都對那個中年男子沒有道德修養的行為憤慨不已。後來那個中年男子也自知理虧，就趕緊地下車了，車上所有的人都唾棄他。透過這樣的一件小事，也說明了這個道理，如果能夠「路要讓一步，味需減三分」的話，就不至於產生這樣的後果。

這個道理雖然比較淺顯，但是，它的內涵卻是深刻的。路是大家走出來的，一個人是不可能成就一切的，一個人畢竟孤掌難鳴，因此，行路經過窄處，要留出一部分寬的路讓別人通過，這才是互敬互讓，方便別人也方便自己的人生準則；遇到美味佳餚，讓出三分讓別人品嚐，這也是培養感情的一種生活方式，而唯我獨尊並不是可取的，也是不現實的。如果我們都懂得了這個道理，也理解了互敬互愛，互相尊重，才是這個社會環境祥和平安的法則，這也是人們立身處世，尋求平安和快樂的最好方法。

每一個人都不是孤立存在的個體，比如有家庭、有工作公司、有親人有朋友，是人類

社會存在的自然體，所以說人是社會的，群體的，互助互利的，並不是一切情況下都是「狹路相逢勇者勝」。因此，每一個人都離不開群體，如果離開了群體和社會，那麼你就會寸步難行，孤掌難鳴，比如說有時走獨木橋吧，不可能兩個人同時通過，如果雙方爭先恐後、互不相讓，就有墜落深水的危險，在這種情況下，如果我們讓人一步，不僅方便了別人，而且自己也安全。

這充分說明了在現實社會裡，適當謙讓是一種美德，也是一種謹慎的處世方式，對人對己都有利。比如現代生活中，無論是開車的司機，還是行路的人們，還是做其他的事情，彼此「寧等三分，不搶一秒」，對互相的安全都有利，更重要的是避免了發生什麼災難，也有利於社會的安定，有利於提高人們的道德修養。多一份謙讓，不僅是一種美德，而且也會給自己帶來和諧的人際關係，更有利於社會的安定和團結。

「路要讓一步，味須減三分」，不僅是人們為人處世的基本原則，也是人們應遵循的道德標準，同樣也展現出這個國家和這個社會精神文明的一個重要方面，若人們的修養上升到了一個高層次，那麼也象徵著這個國家、這個社會的精神和文化也上升到了更高的層次。

哲理感悟

經路窄處，留一步與人行；滋味濃的，減三分讓人嘗。此是涉世一極安樂法。

12. 品味一種得失

在歲月的流逝中，人的一生似乎都是在選擇之中度過的。總在與自己的力量不相稱的目標中，過分追求更多的東西。人們總是提醒自己魚和熊掌不能兼得，可是人們的欲望和貪婪卻沒有滿足的時候。反而是越不滿足，胃口就越大，得到的不能放下，得不到的，欲望的貪婪更是讓我們不顧一切去獲取。用「人心不足蛇吞象」比喻最恰當。

人們總是在取與捨面前，更多的選擇取，很少有人能真正地放下欲望的貪婪，捨去不現實的一切。總認為社會是為自己而存在的，天下之物皆該為自己擁有，永遠不會滿足。人們總會得隴望蜀，過分迷戀或貪求那物慾橫流的東西，不斷地往自己的行囊中增加無窮無盡的身外之物，也不管是必需的還是無需的，是有益的還是有害的，是屬於自己的還是屬於別人的，只為了滿足自己的貪欲而不擇手段地佔有，在利欲面前早就忘記了有失必有得，有得必有失。

其實，我們的人生是否幸福，關鍵是看一個人是否知道取捨。欲望太多，會成為一生的累贅。

人的一生是短暫的，在歷史的長河裡如白駒過隙，在這瞬間的人生裡，美好的東西實在多得數不過來，比如說親情、友情、愛情。我們總是希望得到的太多，使盡可能多的東西為

自己所擁有。

有人說：人生是一個不斷放棄的過程，必定有所取捨，有所得失。過分的索取，自私的貪婪重壓會讓我們不得不發出疲憊的呻吟，要知道背囊裡的東西越多，越重，最終你索取的東西會使你累倒在地。一個人要以清醒的心智和從容的步履走過歲月，他的精神中必定不能缺少索取，但要淡泊，學會取與捨。否則，他會活得太累，看淡一切，不是不求進取，不是無所作為，不是沒有追求，而是以一顆純美的靈魂對待生活和人生，失去也許是無奈的，而得到可能得益於失去。失去未必不好，得到可能更珍貴。得與失或者不在個人，而取和捨卻全在於個人造化。

有一個富商收藏了價值連城的古玩，一天，拿在手中玩賞，忽然差點兒跌落摔碎，他驚出了一身冷汗，然而就在此時心中忽然覺醒，隨即將古玩摔落地上，如同丟棄了沉重的包袱，心境變得從容而淡泊。得與失，實則是一種心態。得之，不要大喜，不可貪得無饜；失去，切勿大悲，不可失去精神；得與失，不要看得太重，一切付之笑談中。

我們在拚命追求某一樣東西的時候，會覺得很振奮、很起勁。當然，我們也隱約地感覺到，在追求一物的同時我們會失去另外一物。但是，我們卻說什麼也不情願考慮那些可能失去的東西價值幾何，或者說，我們根本就不在乎所失之物。好像那些曾令人不遺餘力追尋的

東西一旦到手以後，並不能夠令人心滿意足；何以如此？無疑，多了牽掛，少了悠閒。

我們的心靈需要空間，若是被填充得毫無空隙，必然不會舒坦。要想擁有空間，我們就不得不放棄對某些物品的佔有，也就是說，清理工作首先應該從我們滿腦子的欲望開始。對這個道理，知之易，行之難。可以這樣說，當我們初識了酸甜苦辣以後，得失這個觀念就一直糾纏著我們，無論如何我們都無力將其拋在一邊。

原本，人是隨意的，做什麼、怎麼做以及為什麼做，全憑感覺，並不理性；所謂「人之初，性本善」，當人有所長進以後，做事情就更多的是憑藉理性了。但是，問題有時恰恰就出在這裡，理性被定義在一個相當窄的區域內，比如，搏鬥拚爭精神被極度地推崇，當其被應用得幾近氾濫時，自然也就成了傷人身體的利劍。依我看，天真往往與無邪結伴，成熟通常與世故為鄰；由概念而思慮得失，由得失而衍生雜念，由雜念而體行世故；這大概就是人心偏離本真的原因吧？

我們喜歡看小孩子率性嬉鬧，或許，這就是想讓自己體會那曾經的但卻往而不復的天性。然而，遺憾的是，我們已被各種欲望所累，心，再難回到童真的年代了。走過歲月，人就會變得越來越現實，沒有了捨棄的勇氣，所以，也就只能呵護著，卻又不敢太費力氣。人生就是如此難取捨。

生命是脆弱的，隨時都會被摧殘，但生命卻又是堅強的，因為人們會用自己的意志力來應對上天的摧殘；生命又是多情的，它安排了許多悲劇和喜劇讓人們去體驗，可是人類又太

偉大了，他們有各種各樣的悲喜憂歡去應對上蒼的安排，於是便有很多的故事發生，或喜，或悲，或苦，或甜，或憂，或傷，其實這一切相對於蒼蒼莽莽的世界實在是太渺小了。

無論怎樣，都是上蒼賦予的一筆財富，所有的人，無論賢愚、貧富、貴賤，在一生中，都會在許許多多的取捨之間，徬徨迷失、憂傷心痛，獨有極少數天賦異稟、智慧卓絕，同時經歷了許多的人情世故，才會在最後一剎那洞悉一切，追尋本心，得到平靜喜悅，學會取捨，人生才能做到濃入而淡出，才能超脫自然和恬淡的生活。看透得失的道理，或者會更加輕鬆把握一切而笑看雲起雲落，鳥飛鳥歸。

魚與熊掌，不可兼得；世間萬物，皆不能永存，得失都不是關鍵，重要的是得所該得到的，失所該失去的。因得而失，因失而得，才能真正掌握取捨之鑰；取捨之間關係一個人的命運前途的改變。

有位哲人說得對：如果你不能成為大道，那就當一條小路；如果你不能成為太陽，那就當一顆星星，決定成敗的不是地位的高低，而是在於做一個最好的你，怎麼樣做呢？要懂得取捨。得與失應該放在相同位置看待，有些東西以得到為佳，但有的東西以失去為好。如果不分清紅皂白的一味的追求，結果只能被所得到的東西所壓死，這就叫「自食其果」。

其實，得到的越多，責任就越大，負擔也就越重，人生在世，誰不想開開心心輕輕鬆鬆幸幸福福地過活。但我們應量力而行，這個追求應有個允許的範圍，應根據自身的客觀條件為基準，一旦超過這個尺度，追求就成了奢求。只要我們用心實際去奮鬥了，便不必太在意結果如何。因為過程中的獲得必然是伴隨在結果中的。倘若貪婪，結果也只是壞結果。這樣不如品味過程來得快樂，欲望太多，成了累贅，還有什麼比擁有淡泊的心胸讓自己更充實滿足的呢？選擇淡泊，學會捨取，然後繼續走自己輕鬆的路。

哲理感悟

魚與熊掌，不可兼得；世間萬物，皆不能永存，得失都不是關鍵，重要的是得所該得到的，失所該失去的。因得而失，因失而得，才能真正掌握取捨之鑰；取捨之間關係一個人的命運前途的改變。

13. 人生要懂得放棄

一個和尚千里迢迢來向禪師求道。禪師先是以禮相待，卻不說禪，他將茶水倒進和尚的杯子，杯子已經滿了但是還在繼續倒。

和尚看著茶水不停地流出來，忍不住大聲問道：「都已經滿了，你怎麼還倒啊？」

禪師笑了笑，「你就像杯子一樣，裡面已經灌滿了你自己的看法，如果你不將自己

的杯子倒空，我怎麼和你說禪啊！」

這個禪師的話是富有道理的。人越來越貪婪，什麼都不願意放棄，只抓住自己的東西不放，不懂得放棄，這樣怎麼能領悟生活的真諦呢？

夏天人們都喜歡吃水果，一次往往就買很多回家，有的水果因為天氣熱很容易壞，很多人會選擇先吃壞的然後再吃好的，總覺得把壞的扔了可惜，結果把壞的吃完了，好的水果久了也放壞了。這樣節儉有意義嗎？

生活原本淳樸簡單。人，因為不懂得捨棄才會有許多的痛苦。捨棄才能釋放新的空間，天地因此豁然開朗，生命會向你展現出另外一番的景致，放棄才是完美人生的大智慧。

碰到強敵時，章魚捨棄自己的內臟，才能保全自己的性命。遇到天敵時，蜥蜴只有斷棄自己的尾巴才能死裡逃生，小蝌蚪之所以長成了青蛙，是它捨棄了一條漂亮的尾巴。

不會放棄就等於背上許多沉重的負擔。比如，那些式樣過時或陳舊的衣服，穿不出去，在家穿也很不舒服，很多人卻還經常花時間去收拾，整理，翻曬，費時費力，還讓舊衣服佔有本來擁擠的衣櫃。那麼，為什麼不選擇扔掉或者捐給有需要的人呢？這樣不是很好嗎？

有一句很經典的話：「當你握緊雙手，裡面什麼也沒有，當你打開雙手，世界就在你手中。」當魚和熊掌不能兼得的時候，繼續為了「兼得」而不做捨棄，這是極其不明智的。

在得到的同時，你也在失去；在選擇的同時，你也在放棄。你有無數個機會，但你只能選擇其中之一。人生不可能全選，一個人終其一生，只能選擇一種生活。也許，你會說：只選擇一種可能，這樣的生活是不是太單調枯燥？其實並不是這樣，我們的確只能選擇一種適合自己的生活道路。比如，你選擇了當作家，你就無法體會做一名成功商人的樂趣；你選擇了單身漢的自由，你就無法體會婚姻的溫馨。

人生要懂得放棄，有時候放棄不僅是一種勇氣，更是一種智慧。所謂捨得，就是有捨才有得。放棄是以另外一種方式詮釋人生，明白了放棄，你就懂得了人生。

哲理感悟

生活原本是淳樸簡單的。人，因為不懂得捨棄才會有許多的痛苦。捨棄才能釋放新的空間，天地因此豁然開朗，生命會向你展現出另外一番的景致，放棄才是完美人生的大智慧。

14. 學會從失去中獲得

人生在世，有得有失，有盈有虧。有人說得好，你得到了名人的聲譽或高貴的權力，同

時就失去了做普通人的自由；你得到了鉅額財產，同時就失去了淡泊清貧的歡愉；你得到了事業成功的滿足，同時就失去了眼前奮鬥的目標。我們每個人如果認真地思考一下自己的得與失，就會發現，在得到的過程中也確實不同程度地經歷了失去。整個人生就是一個不斷地得而復失的過程。

俄國偉大詩人普希金在一首詩中寫道：「一切都是暫時，一切都會消逝，讓失去的變為可愛。」

居里夫人的一次「幸運失去」就是最好的說明：

一八八三年，天真爛漫的瑪麗亞（居里夫人）中學畢業後，因家境貧寒沒錢去巴黎上大學，只好到一個鄉紳家裡去當家庭教師。她與鄉紳的大兒子凱西密爾相愛，在他倆計畫結婚時，卻遭到凱西密爾父母的反對。這兩位老人深知瑪麗亞生性聰明，品德端正。但是，貧窮的女教師怎麼能與自己家庭的錢財和身分相配呢？

父親大發雷霆，母親幾乎暈了過去，凱西密爾屈從了父母的意志。

失戀的痛苦折磨著瑪麗亞，她曾有過「向塵世告別」的念頭。瑪麗亞畢竟不是平凡的女人，她除了個人的愛戀，還愛科學和自己的親人。於是她放下情緣，刻苦自學，並幫助當地貧苦農民的孩子學習。幾年後，她又與凱西密爾進行了最後一次談話，凱西密爾還是那樣優柔寡斷，瑪麗亞終於砍斷了這根愛戀的繩索，去巴黎求學。這一次「幸運的失戀」，就是一次失去。

如果沒有這次失去，她的人生將會是另一種寫法，世界上就會少了一位最偉大的女科學家。

很多時候，我們自認為「不走運」，於是伴隨我們的可能是消極憂鬱、悲觀絕望情緒。「假如生活欺騙了你」，事情的結局太出乎我們預料，對自己打擊太大，不妨反覆吟誦「牢騷太盛防腸斷，風物長宜放眼量」的佳句，篤信「樂極生悲」「苦盡甘來」的哲理，不要憂愁、不要悲傷、不要心急，更不要悽悽慘慘。

生活有時也會因為一些失去反而變得更完美。失去了，我們還可以爭取找回來，如果找不回來，還可以去發現新的，更好的。

人總是赤條條地來到這個世界，又手握空拳地離去。人的一生不可能永久地擁有什麼，一個人獲得生命後，先是童年，接著是青年、壯年、老年。然而這一切又都在不斷地失去，在你得到什麼的同時，你其實也在失去。所以說人生獲得的本身就是一種失去。

學會習慣於失去，往往能從失去中獲得。得其精髓者，人生則少有挫折，多有收穫。人會從幼稚走向成熟，從貪婪走向博大。因為我們的整個人生，就是一個不斷地得而復失的過程。

哲理感悟

「假如生活欺騙了你」，事情的結局太出乎我們預料，對自己打擊太大，不妨反覆吟誦「牢騷太盛防腸斷，風物長宜放眼量」的佳句，篤信「樂極生悲」「苦盡甘來」的哲理，不要憂愁、不要悲傷、不要心急，更不要悽悽慘慘。生活有時也會因為一些失去反而變得更完美。失去了，我們還可以爭取找回來，如果找不回來，還可以去發現新的更好的。

第二章

捨棄計較之心，達到人生的別樣空間

寬容不是忍讓，寬容不是懦弱。寬容是一種智慧，一種幸福，一種氣質，也是一種涵蓋萬物的力量。學會寬容，捨棄計較之心，開懷感受生活的美好！

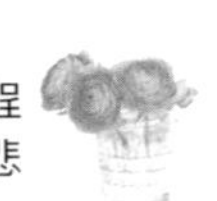

1. 寬恕那些傷害過自己的人

避免痛苦最好的方法，就是寬恕曾經傷害我們的人。寬恕不只是慈悲，而是修養。人們在受到傷害的時候，最容易產生兩種不同的反應：一種是憎恨，一種是寬恕。憎恨的情緒，使人浸泡在痛苦的深淵裡，反覆數落對方的不是，也不斷地懊悔自己當初所做的種種不理智的行為。如果憎恨的情緒持續在心裡發酵，可能會使生活逐漸失去秩序，行為越來越極端，最後一發不可收拾。所以，我們一定要捨去憎恨人的心理。

而寬恕就不同了。寬恕必須隨被傷害的事實經歷從「怨怒傷痛」到「我認了」這樣的情緒轉折，最後認識到不寬恕的壞處，從而積極地去思考如何原諒對方。多數的心理分析家都承認，在被傷害、憎恨到平復、重修舊好的過程當中，人們肯定會經歷一些困難的掙扎。

寬恕之所以很困難，是因為我們都認為，每個人都應該為自己所犯的錯誤付出代價，這樣才符合公平、正義的原則，否則豈不便宜了犯錯的一方。但是不寬恕會產生什麼結果或副作用呢？例如痛苦、埋怨、憎惡、報復等，這些結果值不值得再承受，恐怕這才是更重要的一個問題。

寬恕也是一種能力，一種停止讓傷害繼續擴大的能力。沒有這種能力的人，往往需要承擔因為報復所產生的風險，而這風險往往難以預料。

不愉快的記憶，使我們不能從被傷害的陰影中平安歸來，痛苦總是如影隨形，我們也就不能放鬆和平靜了。所謂沒完沒了，除了不能釋放對方，也可能使自己成為一名心靈被俘虜的囚犯。

路易士密得說：「也許在很久以前，有人傷害了你，而你卻忘不了那件不愉快的往事，到現在還痛苦不堪，那就表示你還繼續在接受那個傷害。其實你是很無辜的，你要了解到，你並不是世界上唯一有這種經驗的人。趕快忘掉這不愉快的記憶，只有寬恕才能釋放你自己，讓你鬆一口氣。」

寬恕，是建立在愛的基礎上的道德情感。

第二次世界大戰期間，一支部隊在森林中與敵人相遇，激戰到最後兩名戰士與部隊失散，失去了聯繫。他們之所以在戰場上還能互相照顧，彼此不分，因為他們是來自同一小鎮的朋友。十多天過去了，他們仍未能與部隊聯繫上，也僅剩下一點兒鹿肉由年輕一點兒的戰士背著。

一天，他們在森林裡又遇到了敵人，經過一陣激戰，他們巧妙地避開了敵人。就在自以為安全的時候，只聽一聲槍響，走在前面的年輕戰士中了一槍，幸虧是在肩膀。後面的戰友惶恐地跑了過來，他害怕得語無倫次，抱著戰友的身體淚流不止。晚上，未受傷的戰士一直念叨著母親，兩眼直勾勾的。他們都以為自己的生命即將結束，雖然饑餓，

身邊的鹿肉誰也沒有動。第二天，部隊救了他們。

事隔三十年，那位受傷的戰士說：「我知道誰朝我開了一槍，他就是我的朋友。在他抱住我的時候，我碰到了他發熱的槍管。我怎麼也不明白，但當晚我就寬恕了他。我知道他想獨吞我身上帶的鹿肉活下來，但我也知道他活下來是為了他的母親。此後的三十年，我裝作根本不知道此事，也從不提及此事。戰爭太殘酷了，他的母親還是沒能等到他回來，我和他一起祭拜了老人家。他跪下來請我原諒，我沒讓他說下去，我沒有理由不寬容他。」

生活太複雜了，每個人所受的牽制都會讓他有不同的選擇。有的時候對背叛你的朋友，你也要捨去自己的怨恨寬恕他。寬恕並不是不辨是非，而是一種崇高的美德。

哲理感悟

寬恕也是一種能力，一種停止讓傷害繼續擴大的能力。沒有這種能力的人，往往需要承擔因為報復所產生的風險，而這風險往往難以預料。

2. 學會寬容，你的生活將更愜意

學會寬容，可以使人心胸開朗。當被人誤解時，或誤解了別人時，寬容會讓時間來撫平一切，調和一切。寬容是大度，能容下人世間的酸甜苦辣，化解所有的恩怨是非。「山重水復疑無路」時，學會寬容，便會「柳暗花明又一村」。海之所以博大深沉，是因為海具有寬容的品格。孕育生命的海昭示：寬容一切，才能孕育一切，孕育一切，才能征服一切。

寬容是海！大地之所以廣闊無垠、生長萬物，是因為大地能夠敞開寬容的胸懷，讓春夏秋冬自由來去，讓季節的畫筆自由塗抹。寬容是一種胸懷，「海闊憑魚躍，天高任鳥飛。」這便是寬容的空間。

寬容不是牢騷，但容得下牢騷。牢騷不是寬容，「牢騷太盛防腸斷，風物長宜放眼量。」寬容不是嫉妒，但可以容得下嫉妒。嫉妒不是寬容，嫉妒使人變得卑劣。

寬容不是懦弱。懦弱者不會寬容，懦弱者害怕外來勢力，拒絕自我，排除異己。

寬容不是忍讓。忍讓是無可奈何，忍讓是一種苦痛，忍讓是一種悲哀。

寬容不是躲避。躲避現實者虛擬空門，宣揚物我皆空。

寬容是一種涵蓋萬物的力量。寬容「以靜制動」「以柔克剛，剛柔相濟」。寬容的人以事實證明真理。能寬容者，能治天下。

寬容是智慧。寬容以宏觀處世，身處一屋，謀及天下。寬容是高瞻遠矚，集思廣益，運籌帷幄，決勝千里。

寬容是進取。寬容是因為進取而不拘小節。斤斤計較不是寬容。水是寬容的。水能靜止於被堵塞，水能以無形的方式越過堵塞。學會寬容的人能靜如水，更能激越如水。

學會寬容，人與人之間便會多幾分理解，多幾分感激。

學會寬容，人世間便會多幾分溫暖，多幾分關愛。

學會寬容，做一個品格高尚的人！

寬容是什麼，寬容是一種胸懷，一種睿智，一種樂觀面對人生的勇氣。它能驅散生活中的痛苦和眼淚，它能傳播心靈的快樂和微笑。寬容產生幽默，減少人生的沉重感，讓人生充滿快樂和歡笑。

寬容是治療人生不如意的良藥，是一種豁達、也是一種理解、一種尊重、一種激勵，更是大智慧的象徵、強者顯示自信的表現。寬容是一種坦蕩，可以無私無畏、無拘無束、無塵無染。

戰國時，楚王宴請臣下。燈忽然滅了，一位醉酒的將軍拉扯楚王妃子的衣服，妃子扯下了將軍的帽纓，要求楚王追查。楚王為保住將軍的面子，下令所有的人一律在黑暗中扯掉自己的帽纓，然後才重新點燈，繼續宴會。後來，這位被寬容了的將軍以超常的勇武為楚國征戰沙場。

可見，學會寬容，就要學會原諒一個人小的過失，給人以悔改的機會。寬容是一種豁達的風範，對於人生，也許只有擁有一顆寬容的心，才能面對自己的人生。

寬容是一種幸福，我們饒恕別人，不但給了別人機會，取得了別人的信任和尊敬，我們也能夠與他人和睦相處。寬容，是一種看不見的幸福。

寬容更是一種財富，擁有寬容，是擁有一顆善良、真誠的心。這是易於擁有的一筆財富，它在時間推移中升值，它會把精神轉化為物質，它是一盞綠燈，幫助我們在工作中通行，選擇了寬容，其實便贏得了財富。

寬容，是一種高尚的美德。「相逢一笑泯恩仇」是寬容的最高境界。事實上做到這一美德的人並不多，即使如此，我們也不應放棄這種追求，因為捨去對別人過失的怨恨，以寬容的心態對人、以寬闊胸懷回報社會，是一種利人利已、有益社會的良性循環。屠格涅夫曾說：「生活過，而不會寬容別人的人，是不配受到別人的寬容的。」所以，當你寬容了別人，在自己有過失或錯誤的時候也往往能得到他人的寬容。

寬容是荊棘叢中長出來的一抹最高雅的淡紅。你對別人寬容一點，其實就是給自己留下來一片海闊天空。緣分這個詞很古老了，然而涵義卻歷久彌新。正是這個緣分，才讓人生活在這個世界，與許多人產生各種各樣的關係。人與人之間無論是怎樣的關係，只要是有

緣相聚在一起，就總會有著連帶的人際關係。人與人是相互依靠一起來生活、從事工作的，這是我們人類的特性。就比如同在一個家庭裡生活，就必須在同一張桌子吃飯，同一個屋簷下生活。也許你喜歡吃素，而我卻喜歡吃葷；也許我喜歡養花，你喜歡養寵物。倘若我不能愛你所喜愛的東西，但我也不會說討厭，也不會排斥你，更不會強人所難，我會用一顆寬容的心來包容你，這樣才能讓我們過得舒舒服服，才會感到生活的愜意。

我們同樣是生活在這個世界上，走出家門，走向社會，總會遇上無數的人，跟他們打交道。你有你的觀念，我有我的想法，他也有自己的思想，但我們還是要一起工作，一起學習，彼此不同，但是每個人都有自己的優點和缺點，坦然面對自己和他人的長短，不必去批評責難，也不必相互排斥，更不要輕易的懷疑別人。只有這樣我們才能和平共處，才能做一個寬容別人的人，才是個真正的君子。

法國作家雨果曾經感歎過：「世界上最寬廣的是海洋，比海洋更寬廣的是天空，而比天空更寬廣的人的胸懷。」是的，這個世界並不大，用心就可以度量。我們古老的民族不是流傳著這樣的一句話嗎？「宰相肚子能撐船」，經常笑咪咪的大肚彌勒佛為何整天笑口常開，不正是因為他能寬容的看待人間萬千的不平之事嗎？法國有法國寬容的浪漫，中國有中國寬容的實在，寬容是沒有國家、民族、語言和文明的界限的。寬容是連結人與人之間關係的感情紐帶，寬容是盛開在這個美麗的地球上的品德之花。

寬容是一種高雅的修養，一種崇高的境界。寬容別人對我們來說並不容易，關鍵要看自己心靈如何選擇。佛經言：「一念境轉。」如果我們選擇了仇恨，那麼我們以後的餘生將在黑暗中度過。因為如果時時刻刻想著如何去報復對方，就會整日心事重重，內心極端壓抑，哪裡還會有開心可言。反之，如果我們選擇了寬容，從此捨掉仇恨的包袱，贈以對方一個甜美的微笑，這樣一來，對方將會把陽光灑向大地，而我們也收穫了一份心靈的感動。或許我們還會多了一位人生路途中的知心好友。

古人云：「金無足赤，人無完人。」誰都有犯錯的時候，「知錯能改，善莫大焉。」既然如此，當一個人無意中犯錯，或是傷害了自己時，我們何不回報一個寬容的微笑呢？

寬容是一種智慧，一種器度。世上不存在不長雜草的花園，人與人之間總會有各種各樣的摩擦。有雜草我們要學會整除，有摩擦我們要學會調和。試想糖是甜的，鹽是鹹的，它們都是我們生活中味道的正反兩極，如果我們在味道上加以巧妙的調和，就能調出人間絕妙的美味。人的關係不正是在智慧的調和下更顯和諧美好嗎？對一個人的寬容，實際上是建立在對他人的體諒和理解上。我們要學會從他人的角度來考慮問題，就很容易的寬容他人了。

中國是個文明古國，歷來都是以寬容聞名於世界，「退一步天高地闊，讓三分心平氣和。」「大海不拒細流，故能成其大；泰山不辭杯土，故能成其高。」孔子說：「君子坦蕩蕩，小人長戚戚。」君子的風範就是能有容天下不平的肚量，能有一種寬闊的胸懷。我們的歷史上有多少名門將士，他們都有寬容的器度。唐太宗寬容了魏徵，成就「貞觀之治」的盛世；藺相如寬容了廉頗，成就一段「將相和」的千古佳話；齊桓公寬容了管仲，成就「九合諸侯，

一匡天下」的壯舉。可見，寬容不僅能使我們生活得更安定和諧，還能促進國家的繁榮發展。

寬容是人類的一種美德。追求真、善、美是人類的特性與本能，世界是美和醜並存的整體。如果我們不能用善良、忍耐和寬容的心情來包容這個世界，這個世界將永遠充滿憂傷和哀歎，快樂從哪裡來，幸福為何離我們遠去，也許你永遠都不會明白。當一隻腳踩到了紫羅蘭的花瓣上，我們的鞋底卻留有花的香味，這就是寬容的最好詮釋。要想贏得別人的寬容，自己首先就要能寬容別人。屠格涅夫說過：「不會寬容別人的人，是不配得到別人的寬容的。」可見，寬容是相互的。寬容不僅嘉惠了別人，還提升了自己。寬容是一切事物中最偉大的，是人性的極致。寬容潛在著無比強大的力量，要獲得一顆真正愛你的心，絕對不是武力可以奪取的，而是用愛和寬容大度來吸引她。寬容還是醫治心靈傷痛的靈丹妙藥，正所謂「度盡劫波兄弟在，相逢一笑泯恩仇。」寬容就如同一縷燦爛的陽光，灑在心靈上，曾經冰凍的心又重新甦醒，曾經滴血的傷痕也得以癒合，曾經的恩恩怨怨都會煙消雲散，暗淡無光的心空從此也會變得陽光明媚，碧空萬里無雲。

學會寬容不僅健全了自己的人格，還提升了自己的思想境界。學會寬容，少一分憂傷，多一分快樂；學會寬容，少一分仇恨，多一分善良；學會寬容，少了一分忌妒，多了一分真誠；學會寬容，少了一分霸道，多了一分祥和；學會寬容，少了一些紛爭，多了一分友愛。實際上，學會寬容別人，就等於是學會善待自己，因為寬容讓我們從黑暗中走向光明，使我們的心靈從此獲得一份寧靜平和，使身心獲得自由解放，還自己一份心靈的純淨。

學會寬容，讓我們擁有更多的朋友，讓我們的生活更愉快，讓我們的人生路途上鋪滿了鮮花，灑下了一路的歡歌笑語，詩情畫意將會永遠伴我們走向幸福的彼岸！

學會寬容，就不要再為雞毛蒜皮的小事斤斤計較。在交往過程中，人和人之間難免會有一些摩擦，但是請記住「在這小小的天地裡，我們大家生活在一起」，既然如此，還有什麼大不了的事總是耿耿於懷呢？

學會寬容，就不要再苛求別人。水至清則無魚，人至察則無友。「桃園三結義」一向為世人稱道，但三人卻各有缺點。劉備動不動就掉眼淚，缺乏男子漢氣概；關羽驕傲自大，剛愎自用；張飛魯莽暴躁，常常誤事。但這些缺點卻並沒有妨礙三人義結金蘭，創下一番事業。如果我們換一個角度看待別人，他的許多缺點就變成了優點。比如一個人吝嗇，換個角度就是節儉；一個人很固執，說明他信念堅定；而好發脾氣則是感情豐富的表現。

學會寬容，就學會一種有益的做人責任、就學會一種良好的做人方法。生活中寬容的力量巨大。因為批評會讓人不服，謾罵會讓人厭惡，羞辱會讓人惱火，威脅會讓人憤怒。唯有寬容讓人無法躲避，無法退卻，無法阻擋，無法反抗。

藺相如對廉頗傲慢無禮的寬容忍讓，最終感化廉頗負荊請罪，留下千古美談將相和，使趙國雖小卻無人敢犯。同樣，鄰里間團結和睦需要寬容，夫妻間白頭偕老離不開寬容，一個健康文明進步的社會處處離不開寬容。假如沒有了寬容，則國與國之間會兵戎相見，人與人之間會拳腳相加，社會將因此變得黯然。正所謂：退一步，海闊天空，忍一時，風平浪靜。

對於別人的過失，必要的指責無可厚非，但能以博大的胸懷去寬容別人，就會讓世界變得更精彩，以寬容之心度他人之過，做世上精彩之人。

在世界中，每個人都得生活、工作，都得接觸社會與家庭。在居家過日子及煩瑣的工作中，難免會發生矛盾，出現這樣或那樣的失誤與差錯。在這時，如果你不讓我，我不讓你，很容易引發家庭矛盾和同事的爭鬥。不能原諒自己或他人所出現的失誤與差錯，就會給自己和他人增加心理上的壓力和影響今後的正常生活與工作，因此，我們需要學會寬容，「容人須學海，十分滿尚納百川」，懂得寬容待人的好處。

智慧藝術告訴我們，寬容就是一門藝術，一門做人的藝術，寬容精神是一切事物中最偉大的行為。寬容待人，就是在心理上接納別人，理解別人的處世方法，尊重別人的處世原則。我們在接受別人的長處之時，也要接受別人的短處、缺點與錯誤，這樣，我們才能真正地和平相處，社會才顯得和諧。寬容是人類文明的唯一考核標準。「寬以濟猛，猛以濟寬，寬猛相濟」—「治國之道，在於猛寬得中」，古人以此作為治國之道，表明寬容在社會中所發揮的重要作用。寬容，是自我思想的提升，也是自身修養，處世素質與處世方式的一種進步

在現實生活中，有許多事情，當你打算用憤恨去實現或解決時，你不妨用寬容去試一下，或許它能幫你實現目標，解決矛盾，化干戈為玉帛。生活中，不會寬容別人的人，是不配受到別人寬容的。但我們也不能一味地把退讓、遷就當作是一種寬容，當作是與人相處的最好方法。於是，我們就在現實生活中，處處退讓、遷就，把自己的地位與做人標準都放

棄了，那樣，我們就對別人的錯誤一味地遷就，導致更大的錯誤發生，同時，我們也就失去了主宰自己的能力。這樣的寬容是對別人和自己最不負責的表現，也是一種心理上的犯罪。

因此，學會寬容，並不是無原則地放縱、也不是忍氣吞聲，逆來順受。寬容是一種有益的生活態度、是一種君子之風。學會寬容，就會善於發現事物的美好，感受生活的美麗。就讓我們以坦蕩的心境、開闊的胸懷來應對生活，讓原本平淡、煩躁、激憤的生活散發出迷人的光彩。

哲理感悟

大地之所以廣闊無垠、生長萬物，是因為大地能夠敞開寬容的胸懷，讓春夏秋冬自由來去，讓季節的畫筆自由塗抹。寬容是一種胸懷，「海闊憑魚躍，天高任鳥飛。」這便是寬容的空間。

3. 寬恕別人，還心靈一份純淨

當一隻腳踏在紫羅蘭的花瓣上時，它卻將香味留在了那隻腳上。這就是寬恕。

一個精神病人闖進了一位醫生家裡，開槍射殺了他三個花樣年華的女兒；他卻仍為那精神病人治好了病。這也是寬恕。

當我們的心靈為自己選擇了寬恕的時候，我們便獲得了應有的自由。因為我們已經放下了仇恨的包袱，無論是面對朋友還是仇人，我們都能夠贈以甜美的微笑。佛道中常講究緣分，在眾生當中，兩個人能夠相遇、相識，那便是緣分。當你們如果因為仇恨而相識，不可否認的是，在你們的心裡已經牢記住了對方的名字，如果你因為整天想著如何去報復對方而心事重重，內心極端壓抑，那麼倒不如放下仇恨，寬恕對方。或許，你可以因此多一個可以知心的好朋友。每一個人都需要朋友，多一份寬恕，便能令我們多一位朋友。

美國前總統林肯幼年曾在一家雜貨店打工。一次因為顧客的錢被前一位顧客拿走，顧客與林肯發生爭執。

雜貨店的老闆為此開除了林肯，老闆說：「我必須開除你，因為你令顧客對我們店的服務不滿意，那麼我們將失去許多生意，我們應該學會寬恕顧客的錯誤，顧客就是我們的上帝。」

在許多年後，林肯當上了總統。做了總統後的林肯說：「我應該感謝雜貨店的老闆，是他讓我明白了寬恕是多麼地重要。」

學會寬恕別人，就是學會善待自己。仇恨只能永遠讓我們的心靈生活在黑暗之中；而寬恕，卻能讓我們的心靈獲得自由，獲得解放。寬恕別人，可以讓生活更輕鬆愉快。寬恕別人，可以讓我們有更多朋友。

寬恕別人，就是解放自己，還心靈一份純靜。

哲理感悟

當我們的心靈為自己選擇了寬恕的時候，我們便獲得了應有的自由。

4. 寬容的故事

當佛陀在世時，有位「阿闍世」王，為了奪取王位，害死了自己的父王——頻婆娑羅王。他自立為王後不久，便知道了弒父的罪報，於是開始心生悔惱，由此而全身發熱生瘡，臭穢不可聞，經治療後，病情不但沒有減輕，反而越發嚴重，雖經別人勸請往佛陀處求取懺悔解救，仍自慚形穢不願去。

頻婆娑羅王雖然被兒子殺害，但他生前信佛虔誠，深知身心的虛幻無常，因此，不

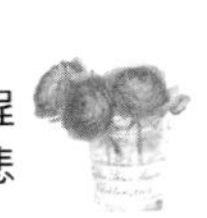

但沒有任何的怨恨，反而在知道兒子的情況後顯靈勸告兒子，告訴他說，自己是佛陀的弟子，願以佛陀的慈悲來原諒他，而且佛陀就快寂滅了，如果不趕快去，就再也見不到佛陀了，因為除了佛陀能救他，使他不墮入地獄外，再也沒有任何人可以解救他了，受到父王的寬宥和催促，阿闍世王因此前往求見佛陀，因而得以獲救。

頻婆娑羅王的寬容，真是令人感動，他展現了寬容的真義，如此難能可貴的寬容，他不只原諒了兒子，也從而昇華了自己！所以，寬容不止是種思想，更是一種可以實踐的本質，因為它是每個人都具有的一種無限寬闊廣大的「空性」本質。

當我們往清淨的本性回返時，學會寬容別人，就是學會寬容自己，給別人一個改過的機會，就是給自己一個更廣闊的空間！

學會寬容，就是個不斷學會超越自己，超越執著的過程，當我們愈能寬容，我們就愈淨化自己，使自己愈趨向光明的昇華。所以，我們每個人都應該深深的發願：願寬容過去所有曾譭謗、嫉妒、輕視、侮辱、欺騙，甚至傷害、戕害、殺害我的人！也願寬容現在所有正在譭謗、嫉妒、輕視、侮辱、欺騙，甚至傷害、戕害、殺害我的人！更願寬容未來所有將要譭謗、嫉妒、輕視、侮辱、欺騙，甚至傷害、戕害、殺害我的人！願生生世世寬容，直到永遠。

有一位德高望重的長者，在寺院的高牆邊發現一把座椅，他知道有人藉此越牆到寺外了。於是長老搬走了椅子，安靜地在這兒等候，午夜，外出的小和尚爬上牆，再跳到「椅子」上，他覺得「椅子」不似先前硬，軟軟的甚至有點彈性。

落地後小和尚定眼一看，才知道椅子已經變成了長老，原來他跳在長老的身上，後者是用脊梁來承接他的。小和尚倉皇離去，這之後的一段日子裡，他誠惶誠恐等候著長老的處罰。但長老並沒有這樣做，壓根兒沒提及這「天知、地知、你知、我知」的事。小和尚從長老的寬容中獲得啟示，他收住了心再沒有去翻牆，透過刻苦的修練，成了寺院裡的佼佼者，若干年後，成為這兒的長老。

無獨有偶，還有一個類似的故事：

有位老師發現一位學生上課的時候時常低著頭畫些什麼，有一天，他走過去拿起學生的畫，發現畫中的人物正是齜牙咧嘴的自己。老師沒有發火，只是寬厚地笑道，要學生課後再加工畫得更神似一些。但是，自此那位學生上課時再沒有畫過畫，各門課都學得不錯。後來，這位學生成為了一個頗有造詣的漫畫家。

透過上面的例子，設想一下使這兩個主人翁後來有所作為的許多各式各樣的因素，就能清楚地明白其中最關鍵的轉捩點——當初長老、老師的寬容。可以說，是寬容喚起的潛意

識，糾正了他們人生之舵。

寬容不僅需要「海量」，更是一種修養促成的智慧，事實上，只有那胸襟開闊的人才會自然而然地運用寬容。

哲理感悟

當我們往清淨的本性回返時，學會寬容別人，就是學會寬容自己，給別人一個改過的機會，就是給自己一個更廣闊的空間！

5. 寬容與珍惜，減少生命的遺憾

1.遇到你真正愛的人時，要努力地爭取與他相伴一生的機會。因為當他離去的時候，一切都來不及。

2.遇到可以相信的朋友時，要好好和他相處下去。因為在人的一生中，能遇到知己真的不容易。

3.遇到人生中的貴人時，記住要好好感激，因為他是你人生的轉捩點。

4.遇到曾經愛過的人時，記住微笑著向他道謝，因為他是讓你更懂得愛的人。

5.遇到曾經恨過的人時，要微笑著向他打招呼，因為他讓你更加堅強。

6.遇到曾經背叛過你的人時，要跟他好好的聊一聊，因為若不是他，今天你不會懂得這世界。

7.遇到你曾經偷偷地喜歡的人時，要祝他幸福，因為你喜歡他的時候，不是希望他幸福快樂嗎？

8.遇到匆匆離開你人生的人時，要謝謝他走過你的人生，因為他是你精彩回憶的一部分。

9.遇到曾經和你有誤會的人時，要趁現在解釋清誤會，因為你可能只有這一次解釋清楚的機會。

10.遇到現在和你相伴一生的人時，要百分百地感謝他愛你，因為你們現在都得到了幸福和真愛。

生命的短暫和時間的無情是我們永遠的痛。然而更讓我們痛心的是，很多時候我們忘卻了珍惜，也忘卻了寬容。在有限的生命中，我們的雙眼中充滿的是怒火中燃燒的仇恨，我們心底留下的是刻骨銘心的傷痛。於是終日地在仇恨中耗費生命，在傷痛中沉淪。可是當你驀然回首的時候，你卻發現時間是最大的殺手，它帶走了你的青春，帶走了你的健康，

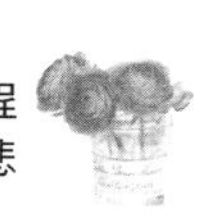

帶走了你的一切。此時你才猛然發現，在有限的生命中，你一直在重複許多毫無意義的事。

這時你或許在期望著時間可以重來，那樣你就可以珍惜很多曾經被你忽略的東西，你可以寬容很多讓你耿耿於懷的東西，這樣你的生命就不再留有遺憾。

其實，生活之中需要的只是一顆寬容的心。即便是珍惜也是一種寬容，這是對時間的寬容。因為你無法左右時間的流逝，自然你也無法左右值得你珍惜的東西的消逝，你唯一能做的就是寬容時間的殘忍，把握住現在的每一刻。而寬容也是一種珍惜，是你珍惜現在的擁有，珍惜眼前的相遇。

多一些寬容，人們的生命就會多一份空間；多一份愛心，人們的生活就會多一份溫暖，多一份陽光。然而這又難道不是對生命的一種珍惜嗎？當你用寬容換來自己內心的豁達，用寬恕換來敵人的微笑，你難道不是把最好的留給了自己嗎？

世上有無數的人在等待別人的寬容。寬容的受益人不只是被寬容者，寬容別人就是解放自己。我們遠離嫉妒與怨恨，就是遠離痛苦、心碎、絕望、憤怒和傷害。寬恕別人的過錯，寬容下屬的無意冒犯，寬容別人的缺點與不足，同時也寬容自己。生命中還有更多的東西等待著我們去珍惜，珍惜現在擁有的，那麼你也就是在珍惜一生的財富。有些東西我們失去了就不再有，何必總要等到失去才發覺它的珍貴呢？珍惜愛你的人，珍惜你的朋友，珍惜你現在所擁有的一切。在你享受之餘，得到的是另一種收穫與感動。

該珍惜的，銘記在心；該忘記的，永不再想；該原諒的，一笑而過。

哲理感悟

多一些寬容，人們的生命就會多一份空間；多一份愛心，人們的生活就會多一份溫暖，多一份陽光。然而這又難道不是對生命的一種珍惜嗎？當你用寬容換來自己內心的豁達，用寬恕換來敵人的微笑，你難道不是把最好的留給了自己嗎？

6. 捨去自責，寬恕犯錯的自己

很多人都往往遇事想不開，特別是當自己做了錯事的時候，整日沉浸在自責的煩惱中難以自拔，這種不肯寬恕自己的人將背著心靈的包袱終生受累。

人無完人，孰能無過？犯了錯只表示我們是人，不代表就該承受折磨。我們唯一能做的只能是正視這種錯誤的存在，在錯誤中學習改正，以確保將來不會發生同樣的憾事，應該使自己獲得絕對的寬恕，只有把這種過錯徹底遺忘，才能繼續前進。

鮑爾一個月前在接女兒回家的路上發生了交通事故，女兒受了輕傷住進醫院接受治療。儘管醫生說那孩子原先就有心臟病，這次事故不過是一個誘因，讓她早些發作罷了，

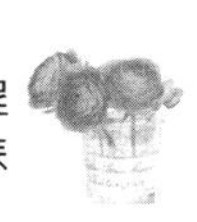

但鮑爾依然懊悔不已。他一次次到醫院看望女兒，想幫她解除病痛的折磨，然而不幸的是女兒很快被病魔奪去了生命。鮑爾無法接受這個殘酷的現實，整天沉浸在深深的悔恨之中。他的公司業務開始走下坡，他的身體健康也受到影響，以至於回到家裡依然無精打采。後來，他的祕書幫他預約了一位心理醫生，開始時他還不想去，在祕書的勸說下才前往。經過幾次的心理諮詢，他逐漸認識到愧悔是毫無益處的，一切事情都應該往前看。從此以後他像換了一個人一樣，除恢復了原有的業務以外，還設立了一個新目標：為患有先天性心臟病的兒童設立基金會，專門援助需要做心臟手術的患兒。

每個人的一生中都會犯很多次錯誤，要是對每一個錯失都深深地自責，背著一大袋子的罪惡感生活一輩子，你還能奢望自己走多遠？人生之帆，不論順風或逆風都要前進。寬恕自己，才能把犯錯與自責的逆風，化為成功的推動力。

我們在躊躇滿志時，往往不敢正視自己內心的愧疚、仇恨和羞辱；在垂頭喪氣時，卻又不敢相信自己擁有的優點和取得的成就。我們應該畫出自己的新形象，更應該實事求是地接受自己、了解自己，我們所做的一切都不是十全十美的。很多人常常會過分嚴格地要求自己，凡事都希望完美無缺，這是不理智的想法。我們每個人都是一個綜合體，在我們身上都有性格中陰暗的一面。有時候，我們希望支配他人、算計別人，快意於別人的苦痛，但這些惡劣品行是能夠也必須服從於人格中善的一面。

有些人因為自己有時候具有消極的破壞性感情，就以為自己是邪惡的，於是一蹶不振，自暴自棄，這很讓人惋惜。我們應該明白，少許的性格缺點並不能說明我們就是不受歡迎的人。恩莫德・巴爾克曾警告人類說，以少數幾個不受歡迎的人為例來看待一個種族，這種以偏概全的作法是極其危險的。在今天，對人的個性採取以偏概全的作法，同樣也是極其危險的，我們應該避免這種做法。

我們對自己、對別人具有攻擊性、懷有仇恨，這些感情是人性的一部分，我們不必因此就厭惡自己，覺得自己就像社會的棄兒一樣。意識到這一點，我們就能在精神上獲得超脫和自由。如果我們能坦然接受自己的這些缺點，我們就不必戴著面具去生活。我們就會真正成為自己本身。

道德上過於自負及苛刻的自我要求，都是內心世界的最大敵人。我們要學會適當地寬容自己，要知道我們不可能像天使那樣純潔無瑕，能認識這點，我們才能保持內心的平靜。

把你的錯誤當作學習的機會、成長的契機。告訴自己：「我雖然做錯了，但沒關係，下次我會換一種方式來處理。」長期下來，你會發現自己對人生大大改觀了。不過，它不會在瞬間一次就完成。

沒有人的人生能達到一百分，或接近一百分。一般來說，重要的是，你已經盡力而為了，而且已經朝正確的方向前進。當你學會維持平衡，對自己保持寬容之心，即使你證明自己只是平凡人，你已經向快樂的人生邁進了。

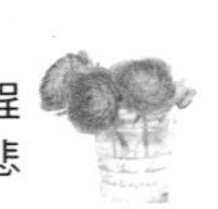

哲理感悟

每個人的一生中都會犯很多次錯誤，要是對每一個錯失都深深地自責，揹著一大袋子的罪惡感生活一輩子，你還能奢望自己走多遠？人生之帆，不論順風或逆風都要前進。寬恕自己，才能把犯錯與自責的逆風，化為成功的推動力。

7. 擁有豁達寬容之心

在我們的一生中，常常因一件小事、一句不經意的話，使人不理解或不被信任，但不要苛求他人，以律人之心律己，以恕己之心恕人，這是寬容，所謂「己所不欲，勿施於人」。而面對別人的小小的過失，給予包涵諒解，這更能展現出做人的寬容。

俗話說：「宰相肚裡能撐船。」不少偉人與人為善的寬容風範被傳為佳話，其中俄國沙皇亞歷山大一世的故事就是一例。

俄國沙皇亞歷山大一世騎馬旅行到俄國西部。一天，他來到一家鄉鎮小客棧，為進一步了解民情，他決定徒步旅行。當他穿著一身沒有任何軍銜標誌的平紋布衣走到一個三岔路口時，記不清回客棧的路了。亞歷山大無意中看見有個軍人站在一家旅館門口，於是他走上去問道：「朋友，你能告訴我去客棧的路嗎？」

那軍人叼著一隻大菸斗，頭一扭，高傲地把身著平紋布衣的旅行者上下打量一番，傲慢地答道：「朝右走！」

「謝謝！」亞歷山大又問道：「請問離客棧還有多遠？」

「一英里。」那軍人生硬地說，並瞥了陌生人一眼。

沙皇抽身道別，剛走出幾步又停住了，回來微笑著說：「請原諒，我可以再問你一個問題嗎？如果你允許我問的話。請問你的軍銜是什麼？」

軍人猛吸了一口菸說：「猜嘛！」

沙皇風趣地說：「中尉？」

那菸鬼的嘴唇動了一下，意思是說不止中尉。

「上尉？」

菸鬼擺出一副很了不起的樣子說：「還要高些。」

「那麼，你是少校？」

「是的！」他高傲地回答。

於是，沙皇敬佩地向他敬了個禮。

少校轉過身來擺出對下級說話的高貴神氣，問道：「假如你不介意，請問你是什麼

官？」

沙皇樂呵呵地回答：「你猜！」

「中尉？」

沙皇搖頭說：「不是。」

「上尉？」

「也不是！」

少校走近仔細看了看說：「那麼你也是少校？」

沙皇鎮靜地說：「繼續猜！」

少校取下菸斗，那副高貴的神氣一下子消失了。他用十分尊敬的語氣低聲說：「那麼，您是部長或將軍？」

「快猜著了。」大帝說。

「殿……殿下是陸軍元帥嗎？」少校結結巴巴地問。

沙皇說：「我的少校，再猜一次吧！」

「皇帝陛下！」少校的菸斗從手中一下子掉到了地上，猛地跪在沙皇面前，忙不迭地喊道：「陛下，饒恕我！陛下，饒恕我！」

「饒你什麼？朋友。」沙皇笑著說，「你沒傷害我，我向你問路，你告訴了我，我還應該謝謝你呢！」

一個人性格豁達，才能縱橫馳騁；若糾纏於無謂的雞蟲之爭，則終日不得安寧。唯有對世事時時保持心平氣和、寬容大度，才能處處契機應緣、和諧圓滿。

寬容，對人對己都可以成為一種無須投資就能夠獲得的精神補品。學會寬容不僅有益於身心健康，而且可以贏得友誼，保持家庭和睦，婚姻美滿，乃至事業成功。因此，在日常生活中，無論對子女、配偶、老人、領導、同事、顧客、朋友乃至於陌路人，都要有一顆寬容的愛心。

寬容，往往反映出一個人處世的涵養和情操。學會寬容需要自己吸收多方面的營養，需要時常提醒自己注意修養自身精神和心理品格。

寬容絕不是面對現實的無可奈何，也不是軟弱，而是一種智慧的生存方法，它可以改變你的心態，快樂地生活。學會寬容，意味著你不再心存疑慮，將會使你獲益終生。

哲理感悟

一個人性格豁達，才能縱橫馳騁；若糾纏於無謂的雞蟲之爭，則終日不得安寧。唯有對世事時時保持心平氣和、寬容大度，才能處處契機應緣、和諧圓滿。

8. 學會建立相互容讓的人際關係

寬容是一種修養，一種器度，一種品德。如果我們每個人都有寬容忍讓的心態，那麼這個社會肯定會變得更加美好，人與人之間的關係也將變得更加和諧。

在與他人相處中，一些人常為雞毛蒜皮的小事爭得面紅耳赤，誰都不肯屈居下風，以致大打出手，事後靜下心來想想，當時若能忍讓三分，自會風平浪靜，小事化無，言歸於好。事實上，越是有理的人，如果表現得越謙讓，越能顯示出他胸襟坦蕩，富有修養，反而更能得到他人的欽佩。

漢朝時有一位叫劉寬的人，為人寬厚仁慈。他在南陽當太守時，小吏和百姓做了錯事，他只是讓差役用鞭責打蒲草，表示羞辱，深得民心。劉寬的夫人想試著讓丈夫發怒，便讓婢女在他和屬下一起辦公的時候捧出肉湯，把肉湯潑在他的官服上。要是一般的人，必定會把婢女責打一頓，即使不如此，至少也要怒斥一番。但是，劉寬不僅沒發脾氣，反而問婢女：「肉羹有沒有燙到你的手？」

還有一次，有人曾經錯認了劉寬拉車的牛，硬說牛是自己的。劉寬什麼也沒說，叫車夫把牛解下給那人，自己步行回家。後來，那人找到自己的牛，便把牛送還劉寬，並向他賠禮道歉，劉寬反而安慰那人。

這就是有禮讓三分的作法，由此足見劉寬為人寬容之肚量確實超乎一般。他感化了人們，也贏得了人心。

人人都有自尊心和好勝心，在生活中，對一些非原則性的問題，我們為什麼不顯示出自己比他人有容人之雅量呢？

俗話說，人無完人，每個人都難免會有過失，因此，每個人都有需要別人原諒的時候。不過很奇怪，每個人對待自己的過錯，往往不如看他人的那樣嚴重。大概是因為我們對自己犯錯的背景了解得很清楚，對於自己的過錯就比較容易原諒，我們應該「以恕己之心恕人」，對於別人所犯的錯誤更應給予體諒。

做一個肯理解、容納他人的優點和缺點的人，才會受到他人的歡迎。相反，那些只知道對人吹毛求疵，又批評又說教沒完沒了的人，哪裡會擁有知心的朋友呢？人們對他只有敬而遠之。

在提及寬廣的胸懷時人們往往以大海作比，海能廣納百川，也不拒暴雨和冰雹；也有人把忍耐性比作彈簧，具有能伸能屈的韌性。有人說過這樣一句話：「誰若想在困厄時得到援助，就應在平時待人以寬。」一就是說，相容接納、團結更多的人，在順利的時候共奮鬥，在困難的時候共患難，進而增加成功的力量，創造更多的成功機會。反之，相容度低，則會

使人疏遠，減少合作力量，人為的增加阻力。

寬以待人，要將心比心，推己及人。推己及人，是以自己為尺規，衡量自己的舉止能否為人所接受，其依據是人同此心，心同此理，將心比心，設身處地。還可以用角色互換的方法，假設自己站在對方的位置上，想一想對方會有什麼反應、感覺，從而理解他人，體諒他人，懂得了這點，當別人理短時容讓他，他人才會在自己理短時容讓你，以此建立相互容讓的人際關係。

哲理感悟

寬容是一種修養，一種器度，一種高尚的品德。人與人之間要相互容讓，這樣人際關係才會融洽，社會才會更加和諧美好。

9. 寬恕他人，讓生活更幸福

要使一個人的心智更健全，內心更有力量，還能有什麼因素比對別人寬恕更重要的呢？寬恕別人，不僅是為他們造福祉，更是為我們的心靈尋求平和。

把寬恕作為日常生活的一部分和一種精神實踐，能讓我們擺脫憤怒、怨恨和畏懼的糾纏。不加寬恕，我們的心靈和思想就會籠罩一層仇恨、痛苦和迷惘的陰霾。寬恕與道歉、饒恕、接受不可原諒的行為或舉止截然不同，它既不是冷漠無情，也不是「哦，我最好把它忘了」。而是一種大度的的胸懷和心靈的釋然。

你也許能憎惡某種行為，並為制止這種行為再度發生而不懈努力，同時，你又能把這種行為牢記心頭，讓自己保持心智健全，重新找回自己的幸福感。這種作法可以使你不斷增添新的力量，繼續完成你的人生之旅。

有兩個和尚，被當作犯人羈押了好幾年，他們倆都遭到了非人的待遇和酷刑的折磨。後來，其中的一個和尚問另一個和尚，會不會寬恕關押他們的人，這個和尚回答道：「永遠不會！」問話的這個和尚聽完後只說了一句：「那麼我想，你永遠只配做個囚犯。」

很少聽到有人說：「我能寬恕別人，但是我卻覺得後悔。」我們要向那些把痛苦轉化為寬恕的人學習。

寬恕不過是一種由我們打造的工具，最終受益者是我們自己。試想一下，在我們的生活中，有什麼東西能比寬恕更能幫助我們治癒巨大的心理創傷？是鍛鍊身體、飲食健康、計算財富、表達憤怒、正面思考，還是歷數成就？

除了真心給予他人寬恕之外，我們找不出任何比這更有力量、更有治癒效果的東西。無論我們經歷的是離婚、搶劫，還是其他悲慘的遭遇，寬恕都是幫助我們治癒心靈創傷和獲取最終幸福的主要工具。在個人成長、個性發展及成人創業的過程中，都缺少不了寬恕。

學習寬恕有兩種方式：一是有意識地學習；二是在痛苦中學習。我們遭受的痛苦也分為兩種，一種是寂寞無聲的，一種是喧囂吵鬧的。但不管是哪一種，痛苦都是一種現實存在。

寬恕是人生的核心主題，這是指，要對在我們整個人生中所有發生的事物，所犯的錯誤，產生的失望以及心中蟄伏的怨恨給予寬恕。不管你是誰，只要你屬於人類，就需要具備寬恕之心。如果你是一個誠實的人，你也許能夠承認，自己的確有過對最愛的人發洩不滿或表示怨怒的時候。可以說，沒有一個人能倖免。即使是那些擁有美好人生、前程似錦的人也都有過痛苦和惶惑。

人人都要經受痛苦的磨礪，儘管我們竭盡全力，試圖改變或免受痛苦，但若想百分之百地避免，則比登天還難。現實告訴我們，總有一些人在覬覦時機想整垮我們，而我們也企圖以牙還牙，用同樣的方式對待別人。唯有承認這個現實，我們才能恍然醒悟，大家都屬於同一個物種，何必相煎太急。只有秉持這個觀點，在重新發現自己不過是普通人時我們才能寬恕自己，當別人發現他們也不過是普通人時，也會用同樣的方式對待自己。

只要我們恪守同屬凡人的信念，我們就能慷慨獻出寬恕之心，並繼續我們的生命之旅。只有承認我們都是普通人，我們才能共用人性的仁慈，才能讓我們在身為人類的尷尬境遇中

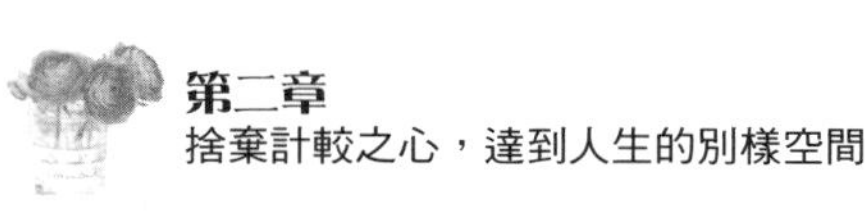

尋覓到幽默的成分。

倘若寬恕能從家庭做起，從每個人做起，那麼這個世界豈不更美好，我們的生活豈不更加幸福？

哲理感悟

寬恕不過是一種由我們打造的工具，最終受益者是我們自己。試想一下，在我們的生活中，有什麼東西能比寬恕更能幫助我們治癒巨大的心理創傷？是鍛鍊身體、飲食健康、計算財富、表達憤怒、正面思考，還是歷數成就？

10. 學會包容，學會愛自己

生活當中，人們有時對一些不公平的事表示憤怒，然而盛怒之下，往往會導致身心受損。難解的怒氣在胸，就會有種不明的壓力，使得你情緒不穩，心神不安，整天恍恍惚惚。在這種精神狀態下，不僅工作、學習的效率大大降低，還有可能出現差錯和事故。

服裝業鉅子施瓦茲就是因為他能夠容忍別人的無禮、怪僻等諸多不足之處，才最終走向

成功的。

施瓦茲在創業初期，有一次，拿著樣品經過一家小店，卻無緣無故地被店主譏諷、嘲笑了一番，說他的衣服只能堆在倉庫裡，再過一百年也賣不出去。施瓦茲並沒有反唇相譏，而是誠懇地向對方請教，結果發現那位小店主說得頭頭是道。施瓦茲大為吃驚，願意高薪聘用他，然而他不但不領情，還諷刺了施瓦茲一頓。

施瓦茲並沒有放棄說服這位店主，他運用各種方法打聽，才知道這位店主居然是一位極其傑出的服裝設計師，只是因為他性情乖僻怪誕而與多位老闆鬧翻，一氣之下才發誓不再設計，改行做商人的。

施瓦茲弄清楚事情的真相後，三番五次地登門拜訪，並且誠心請教。這位設計師的脾氣仍然很大，劈頭蓋臉地罵他。然而施瓦茲還是常去看望他，和他聊天並給予熱情的幫助。到最後，這位設計師自己都感到不好意思了，終於答應出山。後來，這位設計師為施瓦茲創造出巨大的效益，他幫助施瓦茲建立了一個龐大的服裝帝國。

學會包容，學會大度，是我們每個人生活中的一件大事，整天被不滿、怨恨心理所控制的人是最痛苦的人。學會包容，也就是學會了愛自己。

中國有句俗話叫「得饒人處且饒人」，在現實生活中，大家難免會出現摩擦和衝突，如果誰也不禮讓，得理方得理不讓人，態度倨傲蠻橫，這種態度不但不能讓對方認識到自己的錯誤，相反，會因此激怒對方，產生更大的衝突。

有人會說寬容別人，那就是讓自己吃虧，至少很沒面子。事實上，寬容別人恰恰會表現出一個人高尚的品德。

誰會不犯一點兒錯誤呢？寬容，也能讓自己緊張的心情放鬆。生氣是拿別人的錯誤懲罰自己，而寬容則是自我解放的一種方式。如果一個人始終生活在埋怨、責怪、憤怒當中，那麼他不僅得不到本應屬於他的快樂、幸福，甚至會讓自己變得冷漠、無情和殘酷，後果是很可怕的。

學會包容別人，讓生命中美好的陽光溫暖你的心靈，讓一切籠罩生活的陰影隨之飄散，相信你會擁有更完美的人生。

大方豁達的待人態度不僅能給他人帶來快樂，也是持這一態度的人獲取快樂的巨大泉源，因為它使你受到普遍的喜愛和歡迎。

哲理感悟

誰會不犯一點兒錯誤呢？寬容，也能讓自己緊張的心情放鬆。生氣是拿別人的錯誤懲罰自己，而寬容則是自我解放的一種方式。

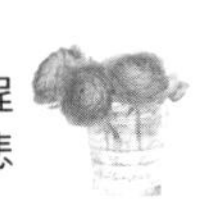

11. 避免亂猜疑，用豁達的胸懷面對人生

《王陽明全書》裡記載了這樣一個故事：

有一個名叫楊茂的人，他是個聾啞人，陽明先生不懂得手語，只好跟他用筆談，陽明先生首先問：「你的耳朵能聽到是非嗎？」答：「不能，因為我是個聾子。」問：「你的嘴巴能夠講是非嗎？」答：「不能，因為我是個啞巴。」又問：「那你的心知道是非嗎？」只見楊茂高興得不得了，指天畫地回答：「能、能、能。」

於是陽明先生就對他說：「你的耳朵不能聽是非，省了多少閒是非；口不能說是非，又省了多少閒是非；你的心知道是非就夠了。」倒有許多人，耳能聽是非，口能說是非，眼能見是非，心還未必知道是非呢！

我們有很多的是非，都是聽來的。還有很多的是非，都是說出來的，所謂「病從口入，禍從口出」。哪怕兩片薄薄的嘴唇，都會把人間弄得烏煙瘴氣，雞犬不寧。可見很多的是非都是聽來的，都是說出來的。

生活中的無聊話題氾濫成災，如果你身陷其中，總想辯個明白，那麼「你糟糕了」……

與其被無聊的話淹沒，你不如及早做個簡潔、機智的應對，這樣你就不會有那麼多挫折感了。

有人說：「假如我們都知道別人在背後怎樣談論我們的話，恐怕連一個朋友也沒有了。」這並不是一句否定人與人之間友情的話，相反地，它正可以告訴我們，對背後的閒話盡可不必去認真打聽和計較。

要知道，人們背後一時興致所至，談到了你的過錯或缺點，說了對你不利的話，這是人之常情。即使他是你的朋友，偶爾一兩次順口說來的話，也並不證明他不夠朋友。假如你不知道，這事情就會和根本沒有發生過一樣。可是，假如你時常關心別人背後對你的談論，而要千方百計地去打聽的話，傳話的人可能會把事情誇張些或扭曲些。這樣一來，本是無意之間的閒談，就會成為相當嚴重的有意中傷，當然就會影響到人與人之間的感情。在這一方面其實是大可不必過於認真的，假如你聽到某人背後說你的壞話，在傳話的人面前，你反而應該替他辯護一下或洗白一下才對，因為這是換得信任及杜絕閒話的最好辦法。這樣就可以使自己遠離是非的漩渦，永遠保持平和的心態。

在人與人之間彼此的交往中，不必計較小的恩怨，適當地消除小誤會，原諒對方有意或無意的錯誤，以更豁達的胸懷面對人生，你也就少了許多煩惱，而多了幾分輕鬆。有些人之所以活得不開心，那是因為他太斤斤計較了，老是無中生有，無事生非，整天盡想著抓別人把柄的人，他的人生清淨得了嗎？

哲理感悟

我們有很多的是非，都是聽來的。還有很多的是非，都是說出來的，所謂「病從口入，禍從口出」。哪怕兩片薄薄的嘴唇，都會把人間弄得烏煙瘴氣，雞犬不寧。可見很多的是非都是聽來的，都是說出來的。

第三章

捨棄束縛，時時給心靈洗滌。

去除種種不利於身心健康的情緒，還自己一顆明朗、快樂、輕鬆、純潔的心。只有擺脫束縛心靈的繩索，才能享受到真正的幸福，才能體會到做人的樂趣！

1. 不要讓心牢囚禁自己

有許多人活在別人對自己的評價中。若別人對他持否定態度，他就覺得自己一無是處而變得灰心喪氣，沒有勇氣再爬起來。這些人多半很自卑，自卑使他們的人生永遠充滿遺憾。

有位美麗的公主叫雷凡莎，她因聽信巫婆的話，認為自己醜陋無比，於是將自己囚禁在塔裡不願出來。一天，一位英俊的王子從塔下經過，因此深深地愛上了雷凡莎，他從此天天都到高塔來。雷凡莎從王子的眼睛裡認清了自己的美麗，終於從塔裡走了出來。

美麗的公主對巫婆的話信以為真，使自己陷入了自卑的心理牢籠中。

事實上，生活中這樣的例子不勝枚舉。由於這種自卑心理作怪，有些人總拿別人的優點、長處與自己的缺點和短處相比，他們總是過多地從別人的評價中定位自己。殊不知自己身上也蘊藏著無窮無盡的潛力。久而久之，他們喪失了信心，情緒委靡，並在不知不覺中為自己營造了自卑的「心理牢籠」。

不要完全相信你聽到的一切，也不要因為他人的議論而鄙視自己，過多地在意他人的評價，只會使你成為這種評價的犧牲品。

哲理感悟

不要完全相信你聽到的一切，也不要因為他人的議論而鄙視自己，否則就會陷入自卑的「心理牢籠」。

2. 不要被過多的想法所累

你是否曾經注意到，當你困在自己的想法中時，會感到何等的焦急不安？最糟的是，你越是在令你煩心的細節上全神貫注，就越覺得糟糕。思緒一個接著一個，直到你焦躁到不可思議的地步。

有一個製造各式各樣成衣的商人，在經濟不景氣的波及下生意大受影響，因此，他整天心情鬱悶，每天晚上都睡不好覺。妻子見他愁眉不展的樣子十分擔心，就建議他去找心理醫生看看，於是他前往醫院去看心理醫生。

醫生見他雙眼佈滿血絲，便問他說：「怎麼了，是不是受失眠所苦？」

成衣商人說：「可不是嗎！」心理醫生開導他說：「這沒有什麼大不了的！你回去

後如果睡不著就數數綿羊吧！」成衣商人道謝後離去了。

過了一個星期，他又來找心理醫生。他雙眼又紅又腫，精神更加不振了，心理醫生復診時非常吃驚地說：「你是照我的話去做的嗎？」

成衣商人委屈地回答說：「當然是呀！還數到三萬多頭呢！」

心理醫生又問：「數了這麼多，難道還沒有一點睡意？」

成衣商人答：「本來是睏了，但一想到三萬多頭綿羊有多少毛呀！不剪豈不可惜。」

心理醫生於是說：「那剪完不就可以睡了？」

成衣商人歎了口氣說：「但頭疼的問題來了，這上萬頭羊毛所製成的毛衣，現在要去哪兒找買主呀！一想到這兒，我就又睡不著了！」

對許多人來說，這種「思緒發作」可以沒完沒了地繼續下去。事實上，被眾多暫時無法達到的想法困擾的人，他們有許多白天和夜晚都消耗在這類虛擬煩惱上。不消說，腦中充滿了憂慮與煩惱時，當然不可能得到安寧。

解決之道就是，在思緒有機會形成任何動力之前，先意識到你的腦子裡發生了什麼事。越早逮到內心正在滾動的雪球，就越容易阻止它。

在這個實例中，你在開始預備明天該做什麼事情時，就可以注意到思緒的雪球。然後，你這時不要煩惱明天的事，而是告訴自己：「瞧，我的老毛病又犯了。」並及時打住，防患於未然；在你的思緒列車有機會開出之前，就阻止它。然後，你就不應該專注於感傷，而應該慶幸自己想起了明天該打的電話。如果這件事發生在三更半夜，把它寫在一張紙上，然後再回去睡覺。你可以考慮在床頭放一枝筆和一張紙，以備不時之需。

你可能真的非常忙碌，但是千萬要記住，腦中充滿過多的念頭，只會使你的情緒更加惡化，讓你感到壓力更大。下次你對自己的情緒感到不安時，不妨試試這個簡單的小練習，你一定會對它的奏效程度感到驚訝。

哲理感悟

你可能真的非常忙碌，但是千萬要記住，腦中充滿過多的念頭，只會使你的情緒更加惡化，讓你感到壓力更大。

3. 捨去太多的顧慮

我們在做任何事情的時候，千萬不要把事情過於複雜化，簡單的時候就是簡單，太多的顧慮反而會讓我們走彎路，事情的結果也會和我們希望的不同。

有一個老人，非常愛惜自己的鬍子，因為捨不得剪，花白的鬍子足有一尺長。有一天，老人在門口溜達，鄰居家五歲的小孩子問他：「老爺爺，你這麼長的鬍子，晚上睡覺的時候，是把它放在被子裡面呢？還是放在被子外面呢？」

老人竟一時答不上來。晚上睡覺的時候，老人突然想起小孩子問他的話。他先把鬍子放在被子外面，感覺很不舒服；他又把鬍子拿到被子裡面，仍然覺得很難受。就這樣，老人一會兒把鬍子拿出來，一會兒又把鬍子放進去，整整一個晚上，他始終想不起來過去睡覺的時候，鬍子是怎麼放的。第二天天剛亮，老人去敲鄰居家的門。正好是小孩子來開門，老人生氣地說：「都怪你這小孩，讓我一晚上沒睡成覺！」

鬍子放在被子裡面還是被子外面，有必要考慮這麼多嗎？人們往往把一些簡單的問題複雜化，庸人自擾。

隨著社會逐漸的複雜化，人的心理也跟著複雜起來，凡事總是顧慮重重，如果不能很好的處理，不良的心理經過長期的積壓對人的身體健康非常的不利。現在心理疾病越來越多，這在最主要都是因為人的想法太多，沒有保持平和心態，人為地把問題弄得異常的複雜。我們要剔除掉心裡的繁雜想法，歸還人的簡單純潔心態，過一種健康快樂的生活。

人出現各種各樣的心理反應是非常正常的，但如果讓不良的情緒長久停留在我們的心裡會影響我們的身心健康。所以，我們應該保持一顆簡單的心，不要自添煩惱。學會將沒有用的、不利於精神健康的情緒統統去除掉，還自己一顆明朗、快樂、輕鬆的心，一顆簡單純潔的心。這樣，我們就可以快樂一生。

哲理感悟

我們要剔除心裡的繁雜想法，歸還人的簡單純潔心態，過一種健康快樂的生活。

4. 放下悲喜，解脫自己

人在心情不好的時候會不自覺地把自己封閉起來，關門不跟人說話，嘟著嘴生悶氣，鎖著眉頭胡思亂想，結果心情更壞、更難過。所以，人要學習放下壞心情，拒絕讓它折磨才行。

我們想擁有好心情，就得放下原有的壞心情，從煩惱的死胡同中走出來。請注意，放下心情的包袱，好好審視清楚，看看哪些是事實，把它留下來，設法解決。哪些是垃圾，是給自己製造困擾的想法，要狠下心來，把它拋開，這就能應付自如，帶來好心情和清醒的頭腦。因此，人人都應該學會放下和割捨。

佛陀在世時，有一位名叫黑指婆羅門來到佛前，一手拿了一個花瓶，前來獻佛。佛

對黑指婆羅門說：「放下！」婆羅門先把他左手拿的那個花瓶放下。佛陀又說：「放下！」婆羅門又把他右手拿的花瓶放下。然而，佛陀還是對他說：「放下！」這時黑指婆羅門說：「我已經兩手空空，沒有什麼可以再放下了，請問現在你要我放下什麼？」

佛陀說：「我並沒有叫你放下你的花瓶，我要你放下的是你的六根、六塵和六識。當你把這些統統放下，再沒有什麼了，你將從生死桎梏中解脫出來。」

黑指婆羅門才了解佛陀所指的放下的道理。

我們肩上的重擔、心理上的壓力使我們的生活過得非常艱苦。必要的時候，佛陀指示的「放下」，不失為一條幸福的解脫之道。

我們常說：「拿得起，放得下」，其實，所謂「拿得起」，指的是人在躊躇滿志時的心態；而「放得下」，則是指人在遭受挫折或者遇到困難或者辦事不順暢以及無奈之時應採取的態度。一個人來到世間，總是會遇到順逆之境、遷調之遇、進退之間的各種情形與變故的。范仲淹說：「不以物喜，不以己悲。」有了這樣一種心境，就能對大喜大悲，厚名重利看得很輕很淡，自然也就容易「放得下」了。

傳說蘇東坡謫居黃州，臨水而居，與對岸寺中老僧學佛參禪。忽一日心中似有所悟，遂提筆展紙得佛偈句：「端坐紫金蓮，佛光照大千，心定如止水，八風吹不翻。」蘇東坡反覆吟誦，越覺高興，便喚書僮攜書駕船，過河送給老僧觀看。老僧接過看完也不說話，提筆在下面批了兩字：放屁。然後遞給書僮說道：「回吧！」

那書僮將老僧的批覆交給蘇東坡，蘇東坡看後心想，「我將學佛心得告訴你，你不贊同我也就罷了，怎麼竟罵人放屁。」他越想越氣，最後命書僮備船，要親自過河找老僧理論。當他怒氣沖沖駕船將要到對岸時，見那老僧已帶領一班弟子在岸上迎接，老僧雙手合十面帶微笑，朗聲問道：「蘇施主，你不是八風吹不動嗎？怎麼我一個屁竟把你吹過河來啦？」蘇東坡聞言細想，轉怒而愧。在船上拱手施禮，竟不下船而回。

一個人活著，只需安寧度日，悲也可以放下，喜也可以放下，這就是生活的真諦。若你總是沉迷於愁喜之間，你就永遠無法獲得一份平和，也就無法看到內心之外的精彩世界。

有一位旅者，經過險峻的懸崖，一不小心掉落山谷，情急之下抓住崖壁下的樹枝，上下不得，祈求佛陀慈悲營救。

這時佛陀真的出現了，伸出手過來接他，並說：「好！現在你把攀住樹枝的手放下。」但是，旅者執迷不悟，就是不肯鬆手，他說：「把手一放，勢必掉到萬丈深淵，粉身碎骨。」

旅者這時反而將樹枝握得更緊。這樣一位執迷不悟的人，就算是佛陀也救不了他。

壞心情就是緊抓住某個念頭，死死握緊，不肯鬆手去尋找新的機會，發現新的思考空間，所以陷入愁雲慘霧中。其實，人只要肯換個想法，調整一下態度，或者移動一下視角，就能讓自己有新的心境。只要我們肯稍做改變，就能拋開壞心情，迎接新的處境。

哲理感悟

我們肩上的重擔、心裡上的壓力使我們的生活過得非常艱苦。必要的時候，佛陀指示的「放下」，不失為一條幸福解脫之道。

5. 學會忘卻，時時清理和調整自己

面對不幸，其中一個最簡單的方法就是學會忘卻，讓不愉快的事情不再支配我們的行為。

所謂忘卻也就是人們常說的忘記，但在這裡它更強調人們的主觀能動性，即自己主動地放棄心中的煩惱和不平衡的情緒，使自己能從暴躁、憂鬱、失意、恍惚等不良心境中走出來，從而恢復自己原有的心境和狀態。

忘卻，在我們的日常生活中，是一件極為常見的事情，同時也是一件非常重要的事情。人生在世不可能萬事都順利，每個人都會遇到緊張、挫折乃至失敗，這樣漸漸地就形成了不良情緒，如果這樣的情緒總是處理不好，必然會給你的生活帶來負面影響。要想提高我們的生活品質，調整和改善精神狀態，必須學會忘卻。

心理學家柏格森說：「腦子的作用不僅僅是幫助我們記憶，還會幫助我們忘卻。」其用意就在於提醒我們，要不停地對自己不健康的情緒進行清理和調整。

我們不應為自己的不良情緒所困擾，應善於把惱人的事放在一邊，而讓愉快的心情時時陪伴著自己。也只有這樣，你才會有旺盛的精神與體力去學習、工作、生活。從這個意義上講，忘卻是人生的一種智慧。

然而，忘卻畢竟不是一件輕而易舉的事情，尤其是悲傷、慘痛、屈辱之類的往事，要想忘卻，更是不容易辦到。因為，它們是你的痛、你的悔，是劃在你心靈上的一道帶血的痕。不過，假如你不忘卻它們，自己的靈魂就會被它們一點點地腐蝕，因而變得憎恨、怨憤，甚至造成自己精神的崩潰，使自己陷於瘋狂狀態。

當你一旦忘卻了它們，你的人生觀、價值觀才會減少偏差，你生命中真正的目標才會顯現出來。從心理學的角度看，如果你對悲傷與憎恨無法釋懷，這會使你與現實生活脫節，以致嚴重地威脅你的心理健康和心智的發展。

其實忘卻有如一片樹蔭，它能使整日忙忙碌碌的我們，在感到燥熱疲倦之時，可以有機

會休息，並且經過一定的調整，使心態恢復正常。

要做到忘卻，一個簡單的作法就是「拿得起，放得下」。事實上，許多往事是不那麼容易「拿得起，放得下」的，它們常常會浮出水面撩撥你。每當此時，你最好改變一下環境，比如：專心地工作，或者外出旅遊。還可以用時間來沖淡你對往事的記憶。

假如我們內心的某些傷痛，是由於自己的過失造成的，那麼，我們也可以用道歉、補償等方式去求得解脫。

一個少年揹負著一個砂鍋前行，不小心繩子斷了，砂鍋也掉到地上碎了，可是少年卻頭也不回地繼續前行。

路人喊住少年問：「你不知道你的砂鍋碎了嗎？」

少年回答：「知道。」

路人又問：「那為什麼不回頭看看？」

少年說：「已經碎了，回頭何益？」說罷繼續趕路。

我們很清楚，人生之路荊棘叢生，艱難險峻。大事的解決絕非易如反掌，一蹴而就的。嘮嘮叨叨，抓住過去死不放手，不可能讓一個人卸下沉重的心理包袱。如果你腦海裡裝的全是負面回憶，便只能徒增焦慮，承受難以想像的壓力。

人生的旅途上，我們都會碰到困難時期，也會遇上倒楣的事，有時還會趕上禍不單行。因此，我們的個人經歷不僅複雜多樣，而且常常苦不堪言。雖然，過去的經歷有助於我們塑造今日的形象，但若想提高人生效率，唯有不與過去死死糾纏，只有這樣，我們的現在和未來才不會走過去的彎路。

我們要尊重和讚賞我們的過去，也必須吸取過去的寶貴經驗，正如常言道，忘記過去就意味著背叛。但是，如果我們顧影自憐，沉溺於過去的成功、挫折、沮喪之中不能自拔，死死抓住我們的過去不放手，那只能大大削弱我們享受快樂的能力，制約我們解決問題以及演繹人生的能力。

人生最難的是忘記不愉悅的事，懂得忘記的人就會活得非常輕鬆。忘記事情難，擺脫不必要的煩惱更難。只有學會擺脫，才會有自在的生活，才會有閃亮的人生。

人最難擺脫的是無謂的煩惱，就像一個要遠行的旅行者，如果他把有用的沒用的東西都裝在旅行包裡，那麼他的旅行將達不到預先的目的，反而是一身的疲憊。我們在生活中要懂得忘卻，在簡單中尋找快樂。

哲理感悟

人生在世不可能萬事都順利，每個人都會遇到緊張、挫折乃至失敗，這樣漸漸

地就形成了不良情緒，如果這樣的情緒總是處理不好，必然會給你的生活帶來負面影響。要想提高我們的生活品質，調整和改善精神狀態，必須學會忘卻。

6. 調整心態，保持快樂心情

印度有一句諺語：「播下一種心態，收穫一種性格；播下一種性格，收穫一種行為；播下一種行為，收穫一種命運。」

心理學家馬斯洛也曾講過類似的話：心若改變，你的態度跟著改變；態度改變，你的習慣跟著改變；習慣改變，你的性格跟著改變；性格改變，你的人生跟著改變。有了快樂的思想和行為，你就能得到快樂。

快樂是一種行為習慣，而究其本質，快樂實際上是一種心理習慣。人們常說心態決定命運，不錯，快樂的心態決定快樂的命運。養成快樂的心理習慣，我們就成為自己命運的主人，因為快樂的習慣將使我們不受外在條件的支配。

在瑪丹娜四十歲的時候，她卻說自己必須減掉五歲。她的理由有四個：當年與西恩潘的婚姻，可以說有一整年是浪費掉的，因此，必須去掉一歲。她與女喜劇演員珊德拉‧班哈特為爭女兒而翻臉，因此，兩年的友情算是空白，又要減掉兩歲。接下來是她曾經演出過大爛片《赤裸驚情》，所以這一年也不能算。最後是演出《狄克崔西》時與華倫比提的戀愛謠傳，那一年等於是浪費她的生命，因此，必須減掉那段時間。她將那些不愉快的歲月減掉，便可以永遠保持年輕快樂的心。

想想看，你是否也有過把光陰虛擲的時候？用四年的時間去不顧一切地愛一個男人，最終他卻拋棄了你？減掉四歲吧！因為失戀而將自己塵封在一段往事中長達三年？減掉三歲吧！由於要維持生計，不得不從事一份你一點兒都不喜歡的工作？把這段時間也扣除吧。這樣一算，時間和年齡已不再成為你的壓力，你是不是又年輕快樂了許多？

時間是供我們垂釣的溪流。在這條溪流中，我們是想要抓住星星、月亮或魚群還是水草，完全掌握在我們的手中，潺潺的河水流逝了，年輕快樂的心境卻永遠不會被磨損。

一個人生理上走向衰老並不可怕，只要他的心還是年輕的，一樣會把生活過得充滿激情。可是，一個人的心若是老去，即便再豐富的生活也將變得單調乏味。所以，法國思想家蒙田說：「我寧願有一個短促的老年，也不願在我尚未進入老年期就老了。」這可能是大多數人的心聲。

一個人的生命應該是以歲月來計算，還是應該以心理年齡來計算，這是一個值得重新認識的問題。

心理年齡的最基本要素是快樂，快樂的人才會永遠年輕。年輕不只是外表，更是一種心境，一種亮麗、快樂、蒸蒸日上的心境；是一種節奏，像鐘錶一樣從容自如地不停擺動，

具備一定速度和節奏。年齡的生物鐘，必須用智慧的指標去引領。

衡量生命意義的尺度是快樂。各人眼裡的快樂是不盡相同的，關鍵是我們如何調整我們的心態，以使我們找到更多獲得快樂的理由。

快樂起來的理由有千萬種，關鍵是要時時刻刻地調整自己去適應環境和他人，善於開闊自己的心胸。

我們要停下每日的許多煩惱想法，讓自己的思考回歸青春，重新變得柔軟而具有彈性；讓心弦不再那麼緊繃，試著放鬆對自我嚴苛得過分了的要求，或活在青春輕鬆的心境中，我們就可以生活得更快樂。

當快樂成為一種習慣時，我們就不需要給快樂找理由了。因為快樂，所以快樂。這就是習慣的非凡力量。

哲理感悟

人們常說心態決定命運，不錯，快樂的心態決定快樂的命運。養成快樂的心理習慣，我們就成為自己命運的主人，因為快樂的習慣將使我們不受外在條件的支配。

7. 給心情放個假，讓自己更健康

不論工作與學習多麼緊張，我們都不要把自己看做是一台工作的機器，一天24小時不停地運轉。人畢竟不是機器，不管時間有多麼緊迫，任務有多重，工作有多忙，都要適當地停下來，忙裡偷個閒，放鬆一下，免得給自己造成身心壓力，影響健康。

生活中的邱吉爾，在戰事最緊張的週末依然能去游泳。在選舉戰白熱化的時候依然能去垂釣，剛一下台依然能去畫畫，還有以示悠閒心境的斜插嘴角的那根雪茄。其實，工作不管有多緊張，有多累，生活有無規律，健康的關鍵是學會放鬆，悠閒的心情是一個人健康的良藥，遠離無規律的生活。緊張的工作帶給人們「泰山壓頂」之感，久而久之必使身體受損，科學研究證明，人們的各種疾病無不與緊張有關，緊張已日益成為威脅人類健康的殺手。

一位卓越的實業家每天承擔巨大的工作量，沒有一個人可以分擔他的一點業務。他每天都得提一個沉重的手提包回家，包裡裝的是必須處理的急件。緊張勞累的工作，使得這位實業家身心疲憊不堪，他不得不去醫院進行診療。

醫生給他開了一個處方：每天散步兩小時；每星期空出半天的時間到墓地走一趟。這位實業家對此迷惑不解：「為什麼要在墓地待上半天呢？」

「因為……」醫生不慌不忙地回答：「我是希望你四處走一走，瞧瞧那些與世長辭的人的墓碑。你仔細思考一下，他們生前也與你一樣，認為全世界的事都得扛在他肩上，如今他們全都長眠於黃土之下，也許將來有一天你也會加入他們的行列，然而整個地球的活動還永恆不斷地進行著，而其他世人則仍是如你一樣繼續工作。」

實業家領悟了其中的道理，生命的意義不在於緊張、忙碌，而應適當放鬆、緩解，有了放鬆的身心，生活才過得更有意義，更加美好。

百忙之中的你，一定不要忘了忙裡偷閒，給自己的心情放個假，讓它充分享受放鬆帶來的愉悅。

人生如果失去了閒暇，只是工作，為活下去而拚命工作，還有什麼情趣可言？給自己留點時間輕鬆一下，生活才會多姿多彩。

的確，生活在機器轟鳴、高樓林立的都市中的人們，應該學會一點兒超脫，讓緊張的神經鬆弛下來，讓勞累的靈魂輕快起來。在背負多重壓力的同時，別忘了時常去休閒，去釋放勞累，給心情放個假。

為事業奔波，為生活所累，這種忙碌應該是一種有張有弛、有目的、有成效的行為，是來自工作的一種準備，是維護身心健康的活動。

工作並不總是必要的，很多時候，你應該享受一種東西，它會令你耳目一新，那就是休閒。

你坐在籐椅上，品著清香的茶，目送蝴蝶翩翩飛過花園，透過頭頂茂密的樹冠仰望著藍藍的天空。這一切都很平常，卻是如此美麗、如此熟悉，而又如此不同。

你也可以陪家人或約朋友一起去享受那份愜意，欣賞萬物，暢談夢想。那一天，你們什麼都不要去做，只管盡情放鬆。

哲理感悟

人生如果失去了閒暇，只是工作，為活下去而拚命工作，還有什麼情趣可言？給自己留點時間輕鬆一下，生活才會多姿多彩。

8. 敞開胸懷，學會釋放不幸

廣闊的世界、漫長的人生，未必都充滿稱心如意的事情。倘若可以沒有任何苦惱和憂慮，平平安安地享受太平，就是求之不得了。然而，事實往往不能如此，有時候日坐愁成，有時候天災人禍，都有可能讓不幸像幽靈般地降臨到身邊，它能將你摧殘得支離破碎，心神

俱疲。

往往一場不幸，就能毀掉你的前程和事業。面對不幸的壓力該如何處理呢？

格林夫婦帶著兩個兒子在義大利旅遊，不幸遭劫匪襲擊。如一場無法醒轉過來的噩夢，七歲的長子尼古拉死於劫匪的槍下。就在醫生證實尼古拉的大腦確實已經死亡的半小時內，孩子的父親格林先生立即做出了決定，同意將兒子的器官捐出。

四小時後，尼古拉的心臟移植給了一個患先天性心臟畸形的十四歲孩子；一對腎分別使兩個患先天性腎功能不全的孩子有了活下去的希望；一個十九歲的瀕危少女，獲得了尼古拉的肝；尼古拉的眼角膜使兩個義大利人重見光明。就連尼古拉的胰腺，也被提取出來，用於治療糖尿病……尼古拉的臟器分別移植給了亟需救治的六個義大利人。

「我不恨這個國家，不恨義大利人，我只是希望凶手知道他們做了些什麼。」

格林，這位來自美洲大陸的旅遊者說，嘴角的一絲微笑掩不住內心的悲痛。而他的妻子瑪格麗特的那莊重、堅定、安詳的面容，和他們四歲幼子臉上大人般的表情，尤令義大利人的靈魂震撼！他們失去了自己的親人，但事件發生後他們所表現出來的自尊與慷慨大度，令全體義大利人深感羞愧。

假如是你遇到了格林夫婦這樣的不幸，你該如何呢？是抓住不幸不放，終日的委靡不振呢？還是也能如格林夫婦這樣坦然處之呢？事業受挫也是如此，即便是寬懷大度，也會有一個掙扎的過程，這就要看你具不具備這種良好的心理素質了。

當然，我們不是聖人，不是英雄，但我們沒有理由不努力向聖人、向英雄靠近一點。倘不是有意迴避或者矯飾，就得承認，我們很多時候的沉淪，是因為我們自甘沉淪；我們很多時候遠離著崇高，是因為我們拒絕崇高。

如果抓住不幸不放，那麼痛苦和消沉就會侵害你的靈魂。我們只會更加痛苦和消沉，我們只會讓不幸再擴大化，而這一切的後果使不幸更加不幸。所以，我們應敞開胸懷，學會釋放不幸的壓力。

倘若你的心境因凡塵變得支離破碎，請嘗試站在新的角度，用一顆積極健全的心去對待生活中的點點滴滴。也只有這樣，我們才能輕鬆、愉悅地走過人生的風風雨雨！

哲理感悟

如果抓住不幸不放，那麼痛苦和消沉就會侵害你的靈魂。我們只會更加痛苦和消沉，我們只會讓不幸再擴大化，而這一切的後果使不幸更加不幸。所以，我們應敞開胸懷，學會釋放不幸的壓力。

9. 煩惱皆因強出頭

煩惱皆因強出頭。在現代社會，人們置身在充滿激烈競爭的環境中，要想擺脫出人頭地的欲望是很難做到的。

你可能被自己或別人強加於你的、不合實際的期望和理想所驅使。你幾乎從來達不到那個標準，而當無法達到你的期望時，你就責怪自己。在你所做的事情和你感到自己應該做的事情之間有一個鴻溝，你總是落進這個鴻溝裡面。因而你生活在這個鴻溝裡面，從來不能欣賞自己的成績，因為你總是忙於批評自己的一切努力。

你無法看到真實的自我，因為你看到的只是你沒有做到的事。你的生活就是一場在期望和現實之間的連綿不斷的戰爭，而你總是失敗者。

某著名汽車製造公司的總經理因為公司良好的銷售業績離他自訂的高標準還差得很遠而不能忍受，跳樓自殺了。

有位畫家，發誓要完成一幅曠世之作。於是，他把自己關在畫室裡，與世隔絕。幾年之後，他的畫作也沒有問世。後來這位畫家不幸去世了。人們清理他的畫室時，發現了一個被巨大的幄布遮住的畫架，人們猜那可能就是畫家的完美之作了。揭開後，人們發現那只不過是一張塗滿各種顏料卻沒有任何圖案的「畫」。原來，畫家一直以為畫應該不斷修改才能趨於完美。於是他不斷否定自己，在畫布上塗塗改改，直至耗盡一生精力。

儘管較高的期望可以視為是促使你成功的動力，但你可能並不會為此而得到許多收穫。最終你會明白為你永遠不可能得到的東西而奮鬥是沒有意義的。你不能因此而取得太大的成就，因為你無法專注於自己的目標。相反，你將被沒有按照自己的設想而完成的生活所吞噬。

苛求自己也是一種自我保護機制，用來避免他人的批評。你擔心別人會責備你一事無成，所以你就公開地苛求自己。這樣最終別人會對你說：「不要這樣虐待你自己。」

每一個重要戰役都是首先在你的心中和大腦中爆發，展現在你面前的現實僅僅是你心中已經認定的結果的外在表現。你需要站在自己一邊，即使沒有你跟自己作對，生活已經是夠艱難的了。

有一名登山運動員加入了攀登珠穆朗瑪峰的活動。到了七千八百公尺的高度時，他體力支持不住了，便停了下來。當他講起這段經歷時，別人都替他惋惜：為什麼不再堅持一下呢？再往上攀一點點，就能爬到頂峰了！

「不，我最清楚，七千八百公尺的海拔是我登山生涯的極限，我不會為此感到遺憾的。」他說。這名運動員是明智的，他充分了解自己的能力，沒有勉強自己，所以能夠平安歸來。

現在許多人的通病就是不了解自己，苛責自己，處處跟自己過不去。他們往往在還沒有衡量清楚自己的能力、興趣之前，便一頭栽在一個好高騖遠的目標裡，每天受著辛苦和疲憊的折磨。他們希望獲得他人的掌聲和讚美，博取別人的名羨慕。為此，便將自己推向過高的期望之中，整天為自己力所不能及的事情而苦苦奔忙。久而久之，他們的生活就變成了負擔和苦悶，而不是充實和享受了。

人貴在了解自己。根據自己的能力去做事，才有真正的喜悅。不管什麼時候，你不必刻意去要求自己，不必跟自己過不去，不要嫌自己的步伐太小、太慢，重要的是每一步都踏得穩。

順著事情的自然規律，讓心境悠遊自適，讓一切事情都在自己游刃有餘的情況下去做，絕不要過於逞強，這樣才能使自己的心靈始終保持平靜的最佳狀態。

哲理感悟

每一個重要戰役都是首先在你的心中和大腦中爆發，展現在你面前的現實僅僅是你心中已經認定的結果的外在表現。你需要站在自己一邊，即使沒有你跟自己作對，生活已經是夠艱難的了。

10. 不要妄自菲薄，學會自我尊重

在生活的陷阱和深淵中，最可怕的就是自己不尊重自己，這種毛病又是最難克服的。而一向尊重自己的人不會對他人抱有敵意，他不需要去證明什麼，因為他可以把事實看得很透徹。他也不需要依靠別人的肯定來證明自己的能力。

「尊重」這個詞意味著對價值的欣賞。欣賞你自己的價值並不等於自我中心主義，因為人們需要自我尊重。

自我尊重的最大祕密是：開始多欣賞別人，對任何人都要有所尊敬，你和別人打交道時要留心考慮，訓練自己把別人當作有價值的人來對待。這樣，你會驚奇地發現，你的自尊心也加強了。因為真正的自尊並不產生於你所成就的大業、你所擁有的財富、你所得到的榮譽，而是對你自己的欣賞。

我們沒有理由總欣賞別人的長處，而忽略自己的優點；沒有理由一味地跟他人比高下，而丟掉了自我，我們要學會對自己有一個全面的、公正的認識。

也許你在某些方面的確遜於他人，但是你同樣擁有別人所無法企及的專長，有些事情也許只有你能做而別人卻做不了。學會欣賞自己，你就會發現一個全新且出色的自己。

如果你因過分自卑而使得自己處處縮手縮腳，這樣你就完美了嗎？你封閉了自己所謂的

缺點的同時也掩埋了自己許多的優點和長處，這樣你就快樂了嗎？其實，你刻意追求完美只能給自己增加沉重的精神包袱，它只會讓你活在更深的自我輕薄之中。而無論什麼時候，尊重自己、欣賞自己，勇於承認真實的自我才是最輕鬆快樂的。

每個人都有自己特定的優、缺點，我們更沒有必要因為某些世俗的觀念而妄自菲薄。要相信這個世界上的你是獨一無二的。別人可以看不起你，但你不能不尊重自己。

春秋時，齊國的大臣晏子的個子很矮。一次他出使楚國，楚人想羞辱他，就在大門旁開了一個小門「請」晏子進去。

晏子說：「使狗國者，從狗門入。今臣使楚，不當從此門入。」

楚人只得請晏子從大門進去。

晏子不辱使命，維護了自己的尊嚴、國家的尊嚴，他懂得「人豈能使我輕重哉」的道理。我們為什麼就不能挺起胸，自信樂觀地做人呢？

一個人可以沒有美麗的容貌，但不能沒有做人的尊嚴。別人怎麼看你，那是他個人的問題，與你沒多大關係。而你怎樣看待自己，才是最重要的。

當你學會了欣賞自己，恢復了自信，帶著對自己和生活的熱愛去工作、去學習、去生活時，你就會更臻於完美。

哲理感悟

每個人都有自己的優、缺點，我們沒有必要因為某些世俗的觀念而妄自菲薄。要相信這個世界上的你是獨一無二的。別人可以看不起你，但你不能不尊重自己。

11. 放下心裡的石頭

很多人因為自己的缺陷和不足而喪失了自信，變得自卑。我們應該明白，沒有一個人是完美無瑕的，每個人或多或少都會有些缺陷，有的曝露在外，有的隱藏在內。難道有缺點和能力不足就要自怨自艾，整天沉浸在煩惱之中嗎？其實，只要你把缺陷、能力不足這塊堵在心口上的石頭放下來，別過分地去關注它，它也就不會成為你的障礙。因為這些缺陷都不妨礙一個人追求快樂圓滿的人生。

有一則格言是這樣說的：如果折斷了一條腿，你就應該感謝上帝不曾折斷另一條腿；如果折斷了另一條腿，你就應該感謝上帝沒有折斷脖子；如果折斷了脖子，你就沒有什麼可再擔憂的了。

莊子講過一個故事：有一個叫支離疏的人，臉部隱藏在肚臍下，肩膀比頭頂高，頸後

的髮髻朝天，五臟的血管向上，兩條大腿和胸旁肋骨相並。替人家縫洗衣服，他足可生存下來；替人家簸米篩糠，他足可養十口人；政府徵兵時，他搖擺游離於其間；政府徵夫時，他因殘疾而免勞役；政府放賑救濟貧困時，他可以領到三斗米和十捆柴。在我們眼裡，這個人是很慘的，然而莊子卻說，殘缺也許是福。

有一個小女孩，她從小耳聾口啞，每當她看到別的小女孩咿咿呀呀地唱歌跳舞的時候，她就特別悲傷，認定這是老天在責罰她，感到一輩子就這麼完了。小女孩們看見她在一旁暗自傷神也都和她一起玩，她們甚至不再唱歌跳舞，因為她唱不出歌，也聽不到節奏。但是，她始終悶悶不樂，因為她不願意在別人的憐憫中過活。直到她該上學了，父母把她送到特殊學校，她開始時堅持不去，後來看到父母眼裡的深深憂慮，她還是去了。在班上她是最沉默的一個，她無法像其他孩子那樣豁達，因為她夢想成為歌唱家，夢想著一切與聲音有關的世界。

有一天，一位老師來到她身邊，對她說：「世界上每一個人都是被上帝咬過一口的草莓，都是有缺陷的。有的人缺陷比較大，因為上帝特別喜愛他的甜美。」她很受鼓舞，從此把失聰和失語視為上帝的特殊鍾愛，開始振作起來。若干年後，有一個知名的聾啞作曲家用她特殊的音符，讓人們感知到了無聲世界的音樂。

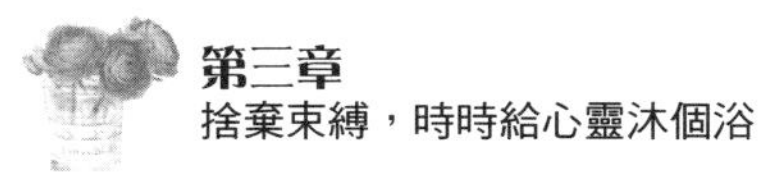

實際上，每個人都不可能是完美無缺的，人人都有缺陷，而過分地關注自己的缺陷則是最愚蠢的作法。作為獨立的個體，你要相信，你有許多與眾不同的甚至優於別人的地方，你要用自己特有的形象裝點這個豐富多彩的世界。

哲理感悟

也許你存在某個缺點，也許你的身體存在缺陷，但是千萬別氣餒。上帝是公平的，他在關閉一扇門的同時，也打開了另一扇窗。不要太執著，輕輕地將心中的石頭放下，你將擁有快樂、圓滿的人生。

12. 心靈的束縛

一個小孩在看完馬戲團精彩的表演後，跟著父親到帳篷外拿乾草餵養表演完的動物。小孩注意到一旁的大象群，問父親：「爸，大象那麼有力氣，為什麼牠們的腳上只繫著一條小小的鐵鍊，難道牠無法掙開那條鐵鍊逃脫嗎？」

父親笑了笑，耐心為孩子解釋：「沒錯，大象是掙不開那條細細的鐵鍊。在大象還

小的時候，馴獸師就是用同樣的鐵鍊來繫住小象，那時候的小象，力氣還不夠大，小象起初也想掙開鐵鍊的束縛，可是試過幾次之後，知道自己的力氣不足以掙開鐵鍊，也就放棄了掙脫的念頭，等小象長成大象後，牠就甘心受那條鐵鍊的限制，而不再想逃脫了。」

正當父親解說之際，馬戲團裡失火了，大火隨著草料、帳篷等物燃燒得十分迅速，蔓延到了動物的休息區。

動物們受火勢所逼，十分焦躁不安，而大象更是頻頻跺腳，仍是掙不開腳上的鐵鍊。炙熱的火勢終於逼近大象，只見一隻大象已經被火燒著，牠灼痛之餘，猛然一抬腳，竟輕易將腳上鐵鍊掙斷，迅速奔逃至安全的地帶。

其他的大象，有一兩隻見同伴掙斷鐵鍊逃脫，立刻也模仿牠的動作，用力掙斷鐵鍊。但其他的大象卻不肯去嘗試，只顧不斷地焦急轉圈跺腳，竟而遭大火席捲，無一倖存。

在大象成長的過程中，人類聰明地利用一條鐵鍊限制了牠，雖然那樣的鐵鍊根本繫不住有力的大象。在我們成長的環境中，是否也有許多肉眼看不見的鍊條束縛住我們？而我們也就自然將這些鏈條當成習慣，視為理所當然。

於是，我們獨特的創意被自己抹殺，認為自己無法成功致富；告訴自己難以成為配偶心目中理想的另一半，無法成為孩子心目中理想的父母，父母心目中理想的孩子。然後，開始向環境低頭，甚至於開始認命、怨天尤人。

這一切都是我們心中那條束縛自我的鐵鍊在作祟罷了。或許，你必須耐心靜候生命中來一場大火，逼得你非得選擇掙斷鍊條或甘心遭大火席捲。或許，你將幸運地選對了前者，在掙脫困境之後，語重心長地告誡後人，必須經歷苦難磨練方能得以成長。

除了這些人生習以為常的定式之外，你還有一種不同的選擇。你可以當機立斷，運用我們內在的能力，當下立即掙開消極習慣的捆綁，改變自己所處的環境，投入另一種嶄新而積極的領域中，使自己的潛能得以發揮。

你願意靜待生命中的大火？甚至甘心遭它席捲，而低頭認命嗎？抑或立即在心境上掙開環境的束縛，獲得追求成功的自由？

這項慎重的選擇，當然得由你自行決定。

在我們成長的環境中，是否也有許多肉眼看不見的鍊條在繫住我們？而我們也就自然地將這些鍊條當成習慣，視為理所當然。

生命並不是一條直線，而應是像棵樹一樣，我們之中大部分人必須移植後方能開花。

哲理感悟

我們應該明白，沒有一個人是完美無瑕，每個人或多或少都會有些缺陷，有的

曝露在外，有的隱藏在內。難道有缺點和不足就要自怨自艾，沉浸在煩惱之中嗎？

13. 生氣有害而無益

有一個青年，各方面都相當優秀，就只有一點不好，那就是他常為一些雞毛蒜皮的小事情生氣。往往別人還不知道是怎麼回事，他就生氣了。他也知道這樣下去對自己不好，但就是改不了，於是他便去求一位高僧為自己談禪說道，幫忙解決自己的煩惱。高僧聽了他的講述後，一言不發地把他領到一座禪房中，讓他坐在裡面，自己突然落鎖而去。

青年氣得跳腳大罵，罵得口乾舌燥，高僧也不理會。這時候，青年又開始哀求，但高僧仍然不理會他。

青年無奈，終於沉默了，聽到沒有聲音了，高僧來到門外，問他：「年輕人，你還在生氣嗎？」

青年說：「我只氣我自己，我怎麼會到這地方來受這份罪，還不如不來找你呢！」

「連自己都不原諒的人怎麼能心如止水呢？看來你還沒有靜下來啊！」高僧說完，拂袖而去。

過了一會兒，高僧又問他：「現在還生氣嗎？」

「我不生氣了，生氣也沒有什麼辦法。」青年說。

「如此看來，你的氣並未消失，還是埋在心裡，爆發後將會更加劇烈，還不行。」高僧又離開了。

當高僧第三次來到門前的時候，青年告訴他：「我已經不生氣了，因為根本不值得生氣。」

「你現在還知道值不值得，這說明你心中還在衡量著，還是有氣。」高僧笑道。

當夕陽即將西下的時候，青年問高僧：「大師，到底什麼是氣啊？你告訴我吧！」於是，高僧一言不發，只是伸手將手中的茶水傾灑於地。青年思索良久，突然頓悟。立即叩謝而去。

什麼是氣呢？氣，便是別人吐出而你卻去接到口裡的那種東西，你吞下便會感到反胃，你不看它時，它便會自然地消散了。換句話說，氣就是用別人的過錯來懲罰自己的愚蠢行為。

生命的長度是上帝給予的，我們無法把握，但生命的寬度卻掌握在我們自己的手中。我們雖然不能控制生命的長度，但我們完全可以掌握生命的寬度。因為我們完全可以在工作中、生活中，更好地與人溝通，與人為善，使人際關係更圓滿，也使生命過得更充實、更有

意義、更精彩。

哲理感悟

什麼是氣呢？氣，便是別人吐出你去接到口裡的那種東西，你吞下便會反胃，你不看它時，它便會自然地消散了。換句話說，氣就是用別人的過錯來懲罰自己的愚蠢行為。

第四章

捨小利，成大得，卸下貪婪的包袱。

捨棄是一種淘汰，一種選擇。只有捨得放棄銀子，才能得到金子和鑽石。懂得放棄，才擁有一份成熟，享受更加充實、坦然和輕鬆的人生。

1. 不要因為強烈的欲望而迷失自己

「錢」，是每個人對物質的一種奢求，很少有人能得到滿足。但有時候，我們完全有可能會窮困潦倒，也就是連生存都發生問題，這時候，你該怎麼辦呢？

缺錢的苦惱、欲求而不及的失望，都能使人精神崩潰，智氣銳減。在「缺錢」的重壓下，你的脊梁是否還能直得起來，最關鍵的是「精神」。

人的精神狀態是決定生活狀態的基石。

乞丐的思想就是不勞而獲，那麼，縱然他能討得萬元戶，他仍然擺脫不了行乞的惰性；商人的思想就是投最少的錢獲最大的利，那麼，他就算借錢給你，自然是要收取利息的。沒有哪個人生來就有淵博的學識；相反，有些人在沒有誕生之前，就很可能擁有了萬貫家財的繼承權。但即便是萬貫家財，也完全有坐吃山空的可能。

在某一個時候，也許你連買束玫瑰獻給妻子的能力都沒有，但沒有人敢斷言，你不會為自己的家人種植整片溫馨的玫瑰。在某一日，也許你連一頓可口的晚餐都沒辦法得到滿足，但沒有人敢斷言，你不會有坐在豪華飯店上座的機會。在某時間，你可能為尋職業而四處碰壁，但沒人敢斷言，你不會成為擁有眾多員工的老闆。

是的，任何高度都不是不可攀登的，就像再長的路都最終會踏滿足跡，再複雜的歌曲都會有人去演唱，再陰霾密佈的天空也會重新被陽光籠罩一樣，關鍵是人的精神狀態。

在黑夜裡行走的人最終的目的絕不是為了一直行走在黑夜裡；目睹戈壁的荒涼的人直接的意念是絕不再重複荒涼；沙漠固然在滄桑中滲透美麗，但更多的人都是抱著欣賞藝術作品的目光去體會，沒有想著去擁有它或被它擁有。

生活狀態歸根結柢是一種思想和精神境界，要有足夠的勇氣去面對現實生活。

一名青年總是埋怨自己的時運不濟，生活不幸福，終日愁眉不展。

這天，一個鬚髮俱白的老人走過來問他：「年輕人，為什麼不高興呢？」

「我不明白我為什麼老是這樣窮！」

「窮？我看你很富有嘛！」老人由衷地說。

「這從何說起？」年輕人問。

老人沒回答，反問道：「假如今天我折斷了你的一根手指，給你一百元，你幹不幹？」

「不幹。」

「假如讓你馬上變成九十歲的老人，給你一百萬元，你幹不幹？」

「不幹。」

「假如讓你馬上死掉，給你一千萬元，你幹不幹？」

「這就對了，你身上的錢已經超過一千萬了呀！」老人說完笑吟吟地走了。

「不幹。」

所謂幸福，其實是一種觀念的東西，是一種心理上的感覺。人之幸福，全在於心之幸福。人們可以幫助你去擺脫貧困，可以幫助你富裕，但無法幫助你幸福。因為，幸福需要你自己去發現，去體驗。

那些總是抱怨自己不幸的人，不要用強烈的欲望迷惑自己，不要總是看著你還不曾擁有的東西，而是要靜下心來，放下心靈上的種種負擔，仔細品味你已擁有了的一切。你就不難發現，原來自己竟會擁有這麼多值得自己寬慰的東西，那麼，幸福已在向你頻頻招手了。

看來，感歎自己不幸的人，並非幸福之神從未光顧過你，而是因為你心靈的空間擠滿了物欲，感受不到擁有的幸福。其實，幸福本來就是「現在」。只有一個個「現在」串成的幸福，才有一生一世的幸福。

貧困不是與生俱來的，俗話說：「窮不扎根，富不打籽。」記住，千萬不要讓貧窮挫傷了你的銳氣，要有勇氣面對貧困，從主觀上藐視貧窮，才能掙脫開貧窮的壓力，信心百倍地向貧窮挑戰。打起精神，在貧困面前，不屈不撓，要知道精神的力量是無窮的，它能戰勝一切困難。

暴風雨無情，它將多少嬌豔的花兒輾成塵埃，然而你是否又看到，多少無畏的花，正是因它而開，暴風雨卻也是多情的！

有愛好希望及快樂的心性，那是真正的財富；有喜好恐懼及憂慮的心性，那是真正的貧窮。

哲理感悟

所謂幸福，其實是一種觀念的東西，是一種心理上的感覺。人之幸福，全在於心之幸福。人們可以幫助你去擺脫貧困，可以幫助你富裕，但無法幫助你幸福。因為，幸福需要你自己去發現，去體驗。

2.「減」掉欲望，每個人都可以快樂

每個人在他的一生當中，都面對許許多多的取與捨，通常情況下我們總是渴望著獲取、渴望著佔有，以為擁有的東西越多，自己就越富有和越快樂。在這種思想的驅使下，我們整天忙碌，試圖把自己想要的都爭取得到。可是，當日子一天天過去，我們卻往往不能如願，反而被壓力壓得喘不過氣來，失望、憂鬱、困惑和一切不快樂都隨之而來，時間久了，就嚴

重影響了我們的身心健康。

這裡有一個非常簡單的例子，當你出門買菜，拎著十斤重的菜回家時，如果家就在附近，你並不覺得它有多沉，可是當你拎著十斤重的東西要走很長時間的路時，你的感覺肯定不一樣了，你會走走停停，不然手一定會變得痠痲的……

其實，重量沒有變，但是，你拿得越久，就覺得越沉重。這就像我們承擔的壓力一樣。如果我們一直把壓力放在身上，到最後，我們就覺得壓力越來越沉重而無法承擔。我們必須做的是：放下這個重量，改用就近購買或分成多次購買，這就是不做無謂的犧牲，這就是關愛自己，這就是「減」去一些不必要的累贅！

生活有時會使你不得不「減」去權力，不得不放走機遇，甚至不得不拋下愛情。但你想過沒有，此刻的選擇也許是不得已的，只要是不得已，就沒有什麼可惋惜的，因為這也許就是最明智的選擇！應該學會「減」去。「減」會使你顯得豁達豪爽，「減」去會使你冷靜主動，會讓你變得更有智慧和更有力量。

很多時候，人生減省一分，便是超脫一分。在人生旅程中，如果什麼都減省一些，便能超越塵世的羈絆。比如，減少一些不必要的應酬，就可以避免一些不必要的糾紛；減少一些是非口舌，就可以少受一些責難；減少一些判斷，就可以減輕一些心理負擔……

現實生活中，有些人總是在不斷地抱怨生活，於是他們總是不快樂；而有些人一天到晚總是非常的開心，其中的原因非常的簡單：後者對他們現有的生活感到很滿足，於是他們快樂，他們屬於知足常樂的人，而前者卻永遠生活在抱怨中。「享受減法」生活的原理告訴我們，要「減」去那些過多的「想要」，學會「放棄」的藝術，千萬不要為欲望所驅使。心靈一旦為欲望侵蝕，就無法超脫紅塵，而為欲望所吞滅。

懂得減少過多的欲望才有快樂，背著包袱走路總是很辛苦。我們應該保持一顆簡單的心，不要自添煩惱。將沒有用的、不利於精神健康的情緒統統「減」掉，還自己一顆明朗、快樂、輕鬆的心。

只有降低欲望，學會放棄，在現實中追求人生目的，我們才會覺得原來生活對每個人都是公平的，每個人都可以快樂。

哲理感悟

生活有時會使你不得不「減」去權力，不得不放走機遇，甚至不得不拋下愛情。但你想過沒有，此刻的選擇也許是不得已的，只要是不得已，就沒有什麼可惋惜的，因為這也許就是最明智的選擇！

3. 欲望主宰得與失

在生活中，我們總是被那些大大小小的欲望所迷惑，它使我們自己不知足，甚至憎恨別人所擁有的或嫉妒別人有的比我們更多，以致心理產生不平衡。

欲望太多，就會導致心理貧窮！其實，不是我們擁有的太少，而是欲望太多。

一艘小艇在海上遇到風浪，船艙受到損傷，船長讓乘客們把隨身攜帶的東西都扔到海裡。其中有一個富商攜帶了許多黃金，他寧可獨自一人乘坐橡皮筏逃生，也絕不放棄黃金。船上的乘客十分氣憤，紛紛指責他，在萬分危急的時刻，船長只好由他去了。小艇終於到達了陸地，人們獲得了新生，而那個富商卻和他的黃金一起葬身海底。

其實在許多時候，不是我們不懂生命的重要，而是我們更多地被欲望所蒙蔽、所迷惑。要知道，我們終生勞苦而獲得的財富和我們所能享受到的世俗的歡樂都只是過眼雲煙，我們是不可能帶著它們離開這個世界的。所以，人生中許多事情不可太執著，該放手時就放手。

要輕視欲望，就要懂得捨棄。而外在的捨棄讓你接受教訓，心裡的捨棄讓你得到解脫，從而心裡變得安寧。

生活中，有的腐敗分子，收受賄賂，一旦被送上斷頭台，帶不走分毫。有的人想靠賭博發財，結果輸得傾家蕩產。金錢的誘惑力，常常與手頭擁有的數目多少直接成正比。你擁有的越多你就想要的越多，你需要的也就越多。人生的錯誤往往就是在這樣的欲望中無法挽回，這個代價最終便是失去更多甚至是生命。

中國有句古語說：「苦海無邊，回頭是岸。」偏偏有人執迷不悔，因此煩惱都是自尋的。唐代偉大的文學家柳宗元在《蝜蝂傳》中說，有一種善於背東西的小蟲蝜蝂，行走時遇見東西就拾起來放在自己的背上，還高昂著頭往前走。它的背發澀，堆放上東西，掉不下來。背上的東西越來越多，越來越重，不停止的貪婪行為，終於使它累倒在地。在現實中，我們有許多人，就如同這小蟲一樣，因貪婪而失去更多。

一位旅客去三峽旅遊，站在船尾觀賞兩岸景色時，不小心將皮包掉進江中，皮包中有許多鈔票，他不假思索地躍身投水撈皮包，雖然皮包抓到手中，但是人再也沒有浮上來。

人生苦短，要想獲得越多，就得放棄越多。這位旅客如果學會習慣失去，就不至於連生命也賠進去。

當你愛一個人的時候，可以投入自己全部的熱情，但不要過於執著，過於執著，就會害怕失去對方，害怕失去對方，就會輕意地放下你的自尊。一個人，如果失去尊嚴，心裡必定會痛苦，感到痛苦的時候，也就失去了享受愛情本身的意義。生活中的垃圾既然可以不皺一下眉頭就輕易丟掉，情感上的垃圾也無須抱殘守缺。

瀟灑地放棄不必要的名利，執著地追求自己的人生目標。執著地追求能夠促使我們在人生路上不斷地施展自己的才華，不斷地釋放自己的能量。但是過度地執著或過度地沉迷於追求某些事，以生命的代價來換取所謂的追求，其實是對自己生命的不尊重，那也就是對上天賦予你的才華的不尊重。其結果必然是對自身生命的最大的放棄，讓自己的一生永遠處在碌碌無為之中。

放棄是一種讓步，而不是退步。讓一步，避其鋒，然後養精蓄銳，以便好好地向前衝刺。放棄是量力而行，明知得不到的東西，何必苦苦相求，明知做不到的事，何必硬撐著去做呢？你應該明白：即使你擁有整個世界，但你一天也只能吃三餐。這是人生思悟後的一種清醒，誰真正懂得它的涵義，誰就能活得輕鬆，過得自在，白天知足常樂，夜裡睡得安寧，走路感覺踏實，驀然回首時沒有遺憾！

哲理感悟

人生苦短，要想獲得越多，就得放棄越多。那些什麼都想要的人，不可能什麼都得到，其實那是一種奢望，是為自己畫的一個大大的「燒餅」，是可望而不可及的事，殊不知人的欲望根本沒有終極，所以在應放手時就放手便顯得尤為重要。

4. 不要讓自己成為財富的奴隸

在個世界有太多的誘惑，因此，有太多的欲望，並隨之有太多欲望滿足不了的痛苦。我們想要以清醒的心態，從容的步履走過人生的歲月，就不要表現得太貪婪。

現實生活中，許多人為了追求財富，碰得頭破血流，然而他們卻看不到，愛情、平常心和幸福都是人間的瑰寶，沒有任何土地或錢財能與這些無價之寶相比。

有一對真情相愛的青年，他們婚後生活也美滿幸福，並且也有了一個可愛的孩子。一次，丈夫在與一個有錢同事的交往後，內心再也不能平靜，他渴望過有錢人的日子！於是，他告別了妻兒，終年奔波在外，處心積慮地賺錢。年長日久，儘管手上有了錢，妻子卻感到家庭冷清沉寂，因為丈夫已成為金錢的奴隸，他整日為金錢奔忙，希望擁有更多的財富！

財富基礎是生活穩定美好的前提，可當一個人過分迷戀於金錢的時候，金錢作為獲取美好生活的手段就失去了其原意，而變成了一種純粹的目的。但是，我們要清楚，財富數目是永遠沒有止境的，當我們開始狂熱地追求財富時，是很容易迷失方向的。從這種意義上來說，這種生活已不是一種樂趣，而是一種折磨，也讓自己成了金錢的奴隸。

每個人在他的一生當中，都面對許許多多的取與捨，通常情況下我們總是渴望著獲取、渴望著佔有，以為擁有的東西越多，自己就越富有和越快樂。在這種思想的驅使下，我們整天忙碌，試圖把自己想要的都爭取得到。可是，當日子一天天過去，我們卻往往不能如願，反而被壓力壓得喘不過氣來，失望、憂鬱、困惑和一切不快樂都隨之而來，時間久了，就嚴重影響了我們的身心健康。

孩子一年年長大了，他卻記不清爸爸的面容。後來，爸爸終於回來了，成了一個垂頭喪氣的人。當他聽到自己的孩子叫他「叔叔」時，他淚流滿面。但妻子的臉上卻露出了十幾年來從未有過的笑容，她認為雖然丈夫曾經走錯了路，但現在他的心終於又被她盼回來了，這才是他們全家真正幸福生活的開始……那種有錢人的生活，她根本不在意，也從來沒有體會到過幸福。她希望過那種平常人的幸福生活！

是的，幸福的涵義就是這麼簡單！而任何企圖走邪門歪道追求錢財而獲取幸福的人，反而會離幸福的大門越來越遠。從此以後，夫妻二人帶著孩子辛勤工作，共同經歷風雨，用自己的汗水換來了豐碩的成果。儘管他們的生活並不奢華，但愛的心意充滿著他們的心房，他們重新找回了昔日生活的美好，也懂得了生活真正的涵義。

有一位著名的經濟學家認為許多人不快樂，是「因為已經把自己交託給錢，成了錢的奴隸，做奴隸是很痛苦的。當今社會雖然富裕，可是許多人沒有變得更快樂，就是因為他們不懂得人生的真諦，成為錢的奴隸而變得痛苦。」而「人所追求的不僅是物質享受，經濟學一開始就認為人的物質欲望是無窮的，資源是有限的，也就是把人放在一個永遠滿足不了的痛苦中。真正要解決一個社會的問題，是要解決每一個人怎麼看待人生，怎麼看待快樂的問題。」

每個人在他的一生當中，都面對許許多多的取與捨，通常情況下我們總是渴望著獲取、渴望著佔有，以為擁有的東西越多，自己就越富有和越快樂。在這種思想的驅使下，我們整天忙碌，試圖把自己想要的都爭取得到。可是，當日子一天天過去，我們卻往往不能如願，反而被壓力壓得喘不過氣來，失望、憂鬱、困惑和一切不快樂都隨之而來，時間久了，就嚴重影響了我們的身心健康。

哲理感悟

現實生活中，許多人為了追求財富，碰得頭破血流，然而他們卻看不到，愛情、平常心和幸福都是人間的瑰寶，沒有任何土地或錢財能與這些無價之寶相比。

5. 名利到頭一場夢，得失要隨緣

在現實生活中，你有沒有發現，不論男女，都迫切地想透過地位、聲望、財富和權力來得到世人的認同。然而，在我們滿足欲望的同時，也會相對地迷失自我，並產生一種錯覺，認為財富和地位就代表了自己的一切。一旦感覺自己要失去或看到別人擁有時，我們就會驚惶失措，無所依靠。

在求取功名利祿的過程中，不少人就被一時的貪欲沖昏了頭腦，以致做出了毀滅自己一生的事來。

客觀地說，求名並非壞事。一個人因榮譽感而有進取的動力；有名譽感的人同時也有羞恥感，不想玷污自己的名聲。但是什麼事都不能過於追求，只要過分追求，又不能一時獲取，求名心太切，有時就容易滋生邪念。結果名利沒求來，反倒臭名遠揚，遺臭萬年。

唐朝詩人宋之問，有一外甥叫劉希夷，很有才華，是一年輕有為的詩人。一日，希夷寫了一首詩，曰《代白頭吟》，到宋之問家中請舅舅指點。當希夷誦到「古人無復洛陽東，今人還對落花風。年年歲歲花相似，歲歲年年人不同」時，宋之問情不自禁連連稱好，忙問此詩可曾給他人看過，希夷告訴他剛剛寫完，還不曾與人看。宋遂道：「你這詩中『年年歲歲花相似，歲歲年年人不同』二句，著實令人喜愛，若他人不曾看過，讓與我吧！」希夷言道：「此二句乃我詩中之眼，若去之，全詩無味，萬萬不可。」

晚上，宋之問睡不著覺，翻來覆去只是念這兩句詩。他心中暗想，此詩一面世，便是千古絕唱，名揚天下，一定要想法據為己有。於是起了歹意，命手下人將希夷活活害死。後來，宋之問獲罪，先被流放到欽州，又被皇上勒令自殺，天下文人聞之，無不稱快！劉禹錫說：「宋之問該死，這是天之報應。」

在中世紀的義大利，有一個叫塔爾達利亞的數學家，在國內的數學擂台賽上享有「不可戰勝者」的盛譽，他經過自己的苦心鑽研，找到了三次方程式的新解法。這時，有個叫卡爾丹諾的找到了他，聲稱自己有千萬項發明，只有三次方程式對他是不解之謎，並為此而痛苦不堪。善良的塔爾達利亞被哄騙了，把自己的新發現毫無保留地告訴了他。誰知，幾天後，卡爾丹諾以自己的名義發表了一篇論文，闡述了三次方程的新解法，將成果攫為己有，他的作法雖然在相當長一個時期裡欺瞞住了人們，但真相終究還是大白於天下了。現在，卡爾丹諾的名字在數學史上已經成了科學騙子的代名詞。

宋之問、卡爾丹諾等也並非無能之輩，在他們各自的領域裡都是很有建樹的人。就宋之問來說，縱不奪劉希夷之詩，也已然名揚天下。糟的是，人心不足，欲無止境！俗話說，

錢迷心竅，豈不知名也能迷住心竅。一旦被迷，就會使原來還有一些才華的「聰明人」變得稀裡糊塗，使原來還很清高的文化人變得既不「清」也不「高」，做起連一般人都不齒的骯髒事情，以致弄巧成拙，美名變成臭名。

功名利祿常常微笑著置人於死地。現實生活中，做出類似宋之問、卡爾丹諾之類蠢事的名人及官者還真不少。從辯證法角度看，有取必有捨，有進必有退，就是說有一得必有一失，任何獲取都需要付出代價。問題在於，付出的代價值不值得。為了公眾事業，民族和國家的利益，為了家庭的和睦，為了自我人格的完善，付出多少都值得；否則，付出越多越可悲。這裡奉勸那些求名逐利者：且不可死死盯住名利不放，否則一旦盯花了眼，就必然會走上沽名釣譽，欺世盜名之路。

其實，人生中不如意事十之八九，得失隨緣吧！不要過分強求什麼，不要一味地去苛求些什麼，世間萬事轉頭空，名利到頭一場夢，想通、想透了，人也就徹悟，心也就豁然了。

哲理感悟

什麼事都不能過於追求，只要過分追求，又不能一時獲取，求名心太切，有時就容易滋生邪念，走錯路。結果名譽沒求來，反倒臭名遠揚，遺臭萬年。

6. 錢坑是個死胡同

提到金錢，大概沒有一個人不會喜歡，因為金錢可以讓人生活得更舒適，行動更自由。處在商品經濟的時代，重視金錢無可厚非，因為我們活著就要花錢，吃、穿、住、玩都離不開錢！巴爾札克也說過：「試問哪個人沒有欲望，哪種社會欲望可以不靠金錢得到滿足？」當然，親情除外。但君子愛財要取之有道。

要想生活得舒適，沒有金錢不行，但若執迷於它更是錯誤。金錢常常是理智的殺手，也常常能把人引誘到一種可怕的競爭中。過分追逐它，會讓人的情感變得冷漠，會讓人產生猜忌和妒忌，甚至走上邪門歪道，那樣做是很可怕的，它將會把人拖入萬丈深淵。當一個人被錢迷住了心竅時，金錢有時就像一個罪惡的刀斧手，能殘忍地斬斷親情、友情和愛情。不僅會置國法於不顧，甚至會失去人性，做出喪盡天良的事來。

為了爭奪元寶而火燒親娘就是發生在二十世紀九〇年代的一樁人間慘劇。

被燒的老人姓劉，早年喪夫，一人撫養了四個兒子，真可謂含辛茹苦。四個兒子相繼成家後，卻很少照顧老母親。一九九一年劉氏被診斷為肺癌，四個逆子不想如何照料老人，而是圍在病床邊一再追問金元寶哪裡去了。原來，劉氏結婚時曾陪嫁過來一個五百克重的金元寶，但為了撫養孩子，早已賣掉。可是四個兒子如何能信，劉氏一死，四個兒子一致認定

老太太是把金元寶吞到了肚子裡，帶到「那邊」去用了。於是他們四人便想出一個焚屍取寶的「妙計」來，夜裡，他們偷偷地來到太平間把汽油澆在了老太太身上，點起了火。

錢，讓人性得到了毀滅，實在是太可悲又太可怕了！但其結果是可想而知的，等待他們的是進監獄的大門。

嚴酷的事實告訴人們：錢能把人送往「天堂」，也能把人引入「地獄」。只顧發財，不擇手段，那是「徒知愛利而不知愛身」的蠢貨。試想，為錢財以身試法，為錢財親娘都不認的人，要那麼多錢財又有何用？要走進「天堂」的幸福之門，就要以工作致富，不貪不義之財。

錢財對於人來說固然重要，但人不能鑽到錢坑裡去，因為世界上還有比錢更重要的東西，那就是人的品格、德行。

哲理感悟

人的衣、食、住、行離不開金錢，但人不能鑽到錢坑裡去，俗話說得好：「君子愛財，取之有道。」只有以正確的態度對待金錢，才能夠成為金錢的主人，不被它奴役。

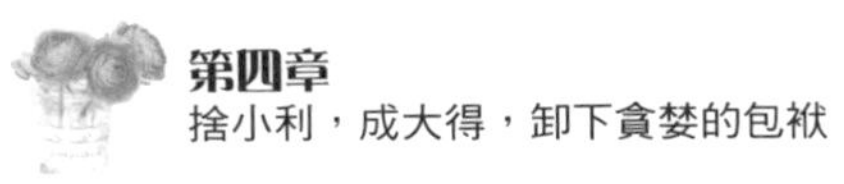

7.欲望是不幸的根源，別貪一時之歡

欲望是無止境的，尤其是現代社會物欲更具有誘惑力。如果管不住自己的欲望，任它隨心所欲，就必然會給人帶來痛苦和不幸，各種欲望在內心深處滋生蔓延，雜念叢生，糾結纏繞。

物欲、利欲、私欲、貪欲、野心等心理雜念像垃圾一樣地在心裡堆放，讓心感到非常的沉重和疲累。心理雜念造成的壓力，給人們帶來無窮的煩惱和苦惱，甚或是不幸和災難。

老子說：「禍兮福之所倚，福兮禍之所伏。」在災禍的裡面，未必不隱藏著幸福，而在幸福之中，未必不隱含著禍患的根源。人常說，天有不測風雲，人有旦夕禍福。

《阿毗達摩俱捨論》中有個福禍雙至的故事。故事說：

很久很久以前，有一年輕人，願上天能賜予他最大的幸福。他日復一日，虔誠地向神佛祈禱。

他的誠心終於感動了帝釋天。一天夜裡，他聽到有敲門聲，當他把門打開時，這位美麗的小姐開口了，她的聲音非常美妙，猶如黃鶯出谷一般：「我是負責管理幸福的女神，是吉祥天。」年輕人不禁喜出望外，立刻邀請她進屋裡坐。

吉祥天含笑對他說：「請等一等，我還有一個妹妹，她跟我是形影不離的！」隨即將站在其身後暗處的妹妹介紹給年輕人。

當年輕人看清她的面孔後，不禁大驚失色，心想，世界上怎麼會有如此醜陋的人？他疑惑地問吉祥天：「這位小姐真的是你的妹妹？」吉祥天嚴肅地回答：「她就是我的妹妹，叫黑暗天，是掌管不幸的女神。」

年輕人聽了連忙懇請：「只要你進來就行了，叫黑暗天留在門外好嗎？」她回答道：「你的要求恕我無法接受，因為我和我的妹妹從小到大都是形影不離的。」年輕人聽了深感苦惱，而遲遲不能決定。

這時，吉祥天說話了：「如果你還是難以決定，那我倆就告辭了。」當年輕人還在猶豫不決，進退兩難時，她們很快就消失了。

這個故事生動形象地描述了福與禍是一體的兩面，是分不開的，福也好，禍也罷，有時發生在瞬間，僅僅就是一念之差。人生在世如果不懂得這其中的道理，就會受到福禍的捉弄，即使幸福來臨，也因受欲望的阻撓而失去。

那麼，當功、名、利、祿一起降臨時，你該如何對待呢？

現實生活當中為什麼那麼多人大紅大紫之後，又身敗名裂了呢，我們不得不深思。

淡化利欲，是應對不測的上全之策。凡事看淡些，看輕些，別貪一時之歡。好事降臨時要先想一想是不是災禍事先已在那等著了。常懷疑好事皆虛事，才是處世的自然之道。要做到淡泊、睿智，以平常心待之，這樣當不幸降臨時你才能應付自如，才不會被突然降臨的不幸壓倒。

人生的歲月是條河，有浪花歡悅，也有激流險灘，駕船而行的你，一定要把定自己的舵。

哲理感悟

淡化利欲，是應對不測的上全之策。凡事看淡些，看輕些，別貪一時之歡。好事降臨時要先想一想是不是災禍事先已在那等著了。常懷疑好事皆虛事，才是處世的自然之道。要做到淡泊、睿智，以平常心待之，這樣當不幸降臨時你才能應付自如，才不會被突然降臨的不幸壓倒。

8. 貪婪是罪惡之源

貪婪，是一切罪惡之源。越是富有的人，貪婪的欲望也就越大。貪婪，能讓人忘記一切，甚至是自己的人格，不論男女，總是年紀越大越想用飾物來裝飾自己，迫切地想透過地位、

聲望、財富和權利來得到世人的認同。欲望是無止境的，我們有著太多的誘惑。然而，在我們滿足的同時，也會相對地迷失自我，並產生一種錯覺，認為財富和地位就代表了自己的一切。可是當所有的一切都失去時，我們的精神就會慌張失措，無所依靠。

物質財富和精神財富的比例，是一個永恆的話題。兩種財富都沒有的人，無疑是十分悲慘的。而有大量的物資財富卻沒有精神財富，也會十分痛苦。最好的情況是有足夠的物質財富，同時也有能覆蓋天下的精神財富，然而，魚和熊掌很難兼得，在現實生活中，這種現象實在是太少了。

我們每個人真正的價值，可以根據他輕賤和重視的對象來衡量。生命是我們最大的財富，已經與我們同在了。許多人為了追求財富和權利，碰得頭破血流，然而他們卻看不到，愛情、平常心和幸福都是人間的瑰寶，沒有任何土地或錢財能與這些無價之寶相比。這個世界有太多的誘惑，因此，有太多的欲望，並隨之有太多欲望滿足不了的痛苦。我們想要以清醒的心態，從容的步履走過人生的歲月，就不要表現得太貪婪。

我們終生勞苦而獲得的財富和我們所能享受到的世俗的歡樂都只是過眼雲煙，我們是不可能帶著它們離開這個世界的。所以，從今天起，卸下你沉重的包袱吧！用嶄新的眼光來重新審視你自己，讓自己的靈魂掙脫無止境的需求，進入怡然之境。

人生一世沒有欲望是不行的，沒有金錢也是不行的，但不要成為欲望和金錢的奴隸。我們完全有能力做欲望和金錢的主人。我們能夠控制自己的欲望，能夠合理的賺取和使用金錢。

常言道：知足常樂。然而，生活中有些人卻永遠也不懂得知足，他們總是在滿足了一個欲望的同時，又想得到更多，擁有更多，欲望也就會繼續地膨脹。這永無止境的貪婪，最終會徹底毀滅一個人。

看看那些入獄的貪官，我們就不難明白：在很多時候，權力本就是一個陷阱。雖說沒有錢財不行，但千萬不要把錢財看得太重，更不要刻意去追求。因為，錢財只不過是身外之物而已，生帶不來死也帶不去。在現實生活中，金錢和欲望往往是緊密相連的，金錢是水，欲望是船。水落船低，水漲船高。有多少金錢，就會產生多大的欲望，這是普通人的一般心理。

如果你想超越普通人，就要拋棄這種貪婪的心理。

哲理感悟

人生一世沒有欲望是不行的，沒有金錢也是不行的，但不要成為欲望和金錢的奴隸。我們完全有能力做欲望和金錢的主人。我們能夠控制自己的欲望，能夠合理的賺取和使用金錢。

9. 欲望的深壑

有個人去沙漠尋找寶藏，可是寶藏還沒有找到，身上所帶的食物和水卻都已經用完了。沒有食物和水，他感到身上一點力氣也沒有，只能靜靜地躺在沙地上等待死神的降臨。

在奄奄一息時，尋寶人向佛做了最後的祈禱：「佛啊！請幫幫我這個可憐人吧！」

這時，佛真的出現了，問他：「你想要什麼呢？」

尋寶人急忙回答：「我想要食物和水，哪怕只是很少的一點也行啊！」

佛於是滿足了他的要求，給了他不少的食物和水。

他吃飽喝足後，猶豫片刻，決定繼續向沙漠深處進發。最終，他終於找到了寶藏，他貪婪地把寶藏裝滿身上所有的口袋，還揹了重重的袋子。

可是，此時他又沒有多少食物和水了。他帶著寶物往回走，由於體力不斷下降，他不得不扔掉一些金銀珠寶。他一邊走一邊扔，後來不得不把身上所有的寶物都扔掉了。

最後，他躺在地上，再次等待死亡的臨近。

尋寶人臨死之前，佛又出現了。問：「現在你要什麼東西呢？還想要寶藏嗎？」

他有氣無力地回答：「食物和水，更多的食物和水！我不再想要寶藏了。」

當一開始擁有那些自認為稀鬆平常的幸福與快樂時，人們常常會去追逐一些名利，衍生出新的欲望，但如果不節制自己對名利的欲望，最終你就算拋盡過去得來的名利，也不一定能換回過去那稀鬆平常的幸福與快樂。

哲理感悟

如果不節制自己對名利的欲望，最終你就算拋盡過去得來的名利，也不一定能換回過去那稀鬆平常的幸福與快樂。

10. 生活中不要背負太多的貪婪

生活中，人所追求的東西總是很多很多，追求真理，追求理想的生活，追求刻骨銘心的愛情，追求金錢，追求名譽和地位。有追求就有收穫，便會在自覺不自覺中擁有很多很多，有些是我們必須的，而有好多是完全用不上的，甚至已經成為了負擔，還不捨得放棄，總是把自己弄得很累很累！

這麼說，不是說人沒有追求就好，人應該有追求，追求自己想得到的，但是，在現實生

活中，人人都能滔滔不絕的說出好多好多的大道理，真正毫無顧忌的放下想要的或已經得到的東西總不容易。

人一生中，背負的貪婪太多了，所以很多的時候總感覺不快樂，想一想，不是快樂離我們太遠，而是我們活得不夠簡單罷了。人來到這個世界上，短短的時間，很辛苦的工作，有賺錢，本身不是目的，目的是能夠享受人生的快樂和圓滿。可總是被一些東西所累贅，有新房子新物品，還不放棄舊房子，舊東西，死守住只想獨享。其實，如果與需要的人共同分享會更快樂。工作已經到達了巔峰，卻感覺高處不勝寒的危機和長江後浪推前浪的壓力。其實，趁著巔峰未過時從容離開，才是最好的選擇，一切時髦的東西總會過時的，一切的巔峰和榮耀都會煙消雲散，與其執著的追求，不如把自己的籃子倒空，裝滿新的快樂。

快樂無處不在，看你怎麼去享受，只要減少物質的追求，不執著於有無，少一些貪婪，追求簡單，才能發現和享受真正的快樂。

哲理感悟

快樂無處不在，看你怎麼去享受，只要減少物質的追求，不執著於有無，少一些貪婪，追求簡單，才能發現和享受真正的快樂。

第五章

成敗間有取捨，換個角度，失敗也是一種收穫。

生命是一個往復循環的過程，厄運甚至就是一種幸運，就是一種難得的契機。換個視角，你將發現一個新奇的世界，並將收穫人生異樣的喜悅！

1. 不要沉淪，世上沒有絕對的失敗

人人都嚮往成功，為此，有人失敗了還在嚮往成功，也有人成功了卻在懼怕失敗。但問題是：有成功就有失敗，成功的背後就是失敗！於是，成功也同樣給人們帶來一種壓力。許多人成功後，一種危機感終日伴隨左右——害怕失敗。於是他們總想獲取更多，總要步步為營，防患於未然，因此，活得非常累。為此我們常會聽到這樣的感歎：活著真累！我們為何而累呢？實際主要是為自己而累，被自己的心所累。有誰不想好事常有，好夢常美呢！但現實生活並不如此，所以你累、我累、大家都累。還是寬解為懷吧！先解脫自己，避其鋒芒，方可立於不敗之地。

保羅・迪克的祖父留給他一座美麗的森林莊園。他一直為此而自豪。不幸，在那年深秋，一道突然的雷電引發一場大火，無情地燒毀了那片鬱鬱蔥蔥的森林，傷心的保羅決定向銀行貸款，以恢復莊園以往的勃勃生機，卻被銀行無情地拒絕。沮喪的保羅茶飯不思地在家裡躺了好幾天，太太怕他悶出病來，就勸他出去散散心。保羅走到一條街的拐角處，看見一家店鋪的門口人山人海，原來一些家庭主婦在排隊購買用於烤肉和冬季取暖用的木炭。看到那一截截堆在箱子裡的木炭，保羅忽然眼前一亮，回去後，他雇了幾個炭工，把莊園裡燒焦的樹木加工成優質木炭，分裝成一千箱，送到集市上的木炭分銷店，結果，那一千箱木炭沒多久便被搶購一空。這樣，保羅便從分銷商手裡拿到了一筆錢，次年春天購買了一大批樹苗，他的森林莊園又綠浪蔥鬱了。

其實，在這個世界上，並沒有絕對的失敗，失敗的往往是我們對待問題的方法和態度，所以，很多時候，埋沒天才的不是別人，恰恰是自己。

一個人成功後依然有跌倒的時候，跌倒了再爬起來，那才叫真正的成功。這也提醒一些因成功而遭失敗的朋友們，一定不要沉淪，另闢一條新路，再打造一個全新的自我，避其鋭芒，在失敗中重新站立。

要知道失敗意味著成功，成功也意味著失敗。

生命是一個奇蹟，不論身處順境或逆境，我們都需要不斷提醒自己這一點。人人都只是大千世界的一小分子，如果忘記這一點，我們就有忘記生命浩瀚和偉大的危險，我們也許就無法從強大的精神生活中汲取營養。

哲理感悟

一個人成功後依然有跌倒的時候，跌倒了再爬起來，那才叫真正的成功。這也

提醒一些因成功而遭失敗的朋友們，一定不要沉淪，另闢一條新路，再打造一個全新的自我，避其鋒芒，在失敗中重新站立。

2. 用心智的眼睛看待成敗

德國哲學家叔本華說過：「我們在任何時候都需要一定數量的煩惱、憂傷、痛苦和欲望，這就像船上需要壓艙物一樣。」這句話不是悲觀主義者的呻吟，而是正確對待挫折與痛苦的方法。

如果你能看透世間本應有諸多的煩惱，那麼每受挫一次，你對生活的理解便加深一層；每失誤一次，你對人生的感悟便升高一階；每不幸一次，你對世間的體會便成熟一級；每磨難一次，你對幸福的內涵就徹悟一遍。

從這個意義上說，要想獲得成功和幸福，要想過得快樂，首先要把困難、挫折、不幸和痛苦讀懂，也就是首先要明白：挫折和痛苦是生活必然會有的組成部分，由矛盾構成的生活自然是真實和美好的。如果一個人能把苦難看作是生活的一部分，能接受不可改變的事實，就可以把他所受到的傷害降低到最小程度，就可以透過苦難走向快樂。

彌爾頓在雙目失明的情況下，寫出了流傳後世的優美詩篇；貝多芬在失去聽力的打擊和困擾下，毅然扼住了命運的咽喉，創作出不朽的聖樂名曲；柴可夫斯基若不是因為悲劇性的婚姻，就不會在痛苦之中寫出動人心魄的《悲愴交響曲》；海倫•凱勒奇蹟般的生命歷程是伴隨著失明與聾啞的不幸而出現的……

生命是一個循環的過程，好事變為壞事、壞事變為好事的情況是經常發生的。有時候，厄運甚至就是一種幸運，就是一種難得的契機，因為它將你逼到了不得不去選擇走另一條路的境地。而你一旦踏上了這條新路，成功就可能在向你招手了。

不論在什麼時候發生什麼事情，你都要記住：厄運與幸運往往交替出現。幸運來臨時，固然要把握它；厄運當頭時，也要立即採取行動，將它的影響降低到最小，同時，要努力擺脫它所帶來的陰影，讓生命開始新的路程。

世界不是缺少美，而是缺少發現美的眼睛。人改變了觀看的角度，也就重新發現一個新奇的世界，世界其實仍然是那個世界，太陽不會因為人們觀看的角度改變而成為月亮。我們擁有一個共同的世界，但我們卻擁有不同的世界觀。對這個世界也有著不同的認識，不同的理解和看法。

每個人都有一雙眼睛，用以分辨事物，這是自然的造化。每個人還有一雙眼睛，它不是長在臉上，而是長在心中，這就是心智的眼睛。這雙眼睛比另一雙更重要，它告訴我們該如何看待身外的世界，如何看待自己。

哲理感悟

生命是一個循環過程，好事變為壞事、壞事變為好事的情況是經常發生的。有時候，厄運甚至就是一種幸運，就是一種難得的契機，因為它將你逼到了不得不去選擇走另一條路的境地。而你一旦踏上了這條新路，成功就可能在向你招手了。

3. 身處逆境不見得是壞事

猶太人有段諺語很有意思：如果斷了一條腿，你該感謝上帝沒有折斷你的兩條腿；如果斷了兩條腿，你該感謝上帝沒扭斷你的脖子；如果斷了脖子，那也就沒什麼好擔憂的了。

從前，有個國王在追捕獵物時，不幸弄斷了一截食指。國王劇痛之餘召來智慧大臣，徵詢他對意外斷指的看法。智慧大臣輕鬆自在地對國王說，這是一件好事，並請國王往積極地方面去想。不想國王聞言大怒，他認為智慧大臣是在幸災樂禍，即命侍衛將他關到監獄。後來，國王又在一次打獵中，不幸被叢林中的野人活捉。

依照野人的慣例，必須將活捉的這隊人馬的首領獻祭給他們的神。祭奠儀式剛開始，巫師發現國王斷了一截食指，而按他們的部族的律例，獻祭不完整的祭品給天神，是會遭天譴的。野人連忙將國王解下祭壇，驅逐他離開，另外抓了一位大臣獻祭。

國王狼狽地回到朝中，慶幸大難不死。忽而想起智慧大臣所說，斷指的確是一件好事，便立刻將他從牢中放出，並當面向他道歉。

智慧大臣還是保持他的積極態度，笑著原諒國王，並說這一切都是好事。

國王不服氣地質問：「說我斷指是好事，如今我能接受；但若說因我誤會你，而將你關在牢中受苦，難道這也是好事？」

智慧大臣微笑著回答：「臣在牢中，當然是好事，陛下不妨想像，如果臣不在牢中，那麼，今天陪陛下打獵的大臣會是誰呢？」

我們都知道塞翁失馬的故事，說的也是這個道理。生活中，我們總是會擁有很多東西，但同時也會失去一些東西。一個人不可能毫無失去就能完全擁有，那不是真正的生活。有時失去意味著另一種獲得，有時失去讓我們發現還有其他美好的事物依然存在，也因此，這樣的獲得和存在會更讓人珍惜。

讓我們用一顆平常心去對待生活中的擁有與失去，凡事看淡一點，知足常樂，會讓自己的生活輕鬆愉快，若太貪心，總想得到很多又無法面對失去，那終究會成為一種生活的負荷與累贅，讓你疲憊不堪而逐漸失去人生樂趣。既然這樣，那麼，讓我們還是選擇平靜與淡泊

吧！好好珍惜自己擁有的，正確面對已經失去的，給自己一份快樂的心情、幸福的生活。

哲理感悟

當人們身處逆境的時候，不妨用「塞翁失馬」的故事來開導自己，往好的方面想，只有這樣才能忘掉現在的逆境，給自己一個好的心情。

4. 面對困境，請卸掉思想上的包袱

當挫折站在我們的面前時，我們開始了選擇。正如世上沒有完全相同的樹葉一樣，人與人的選擇也是不盡相同的。我們可以選擇放棄挫折，繞道而行，不必為了遇到挫折而難過，也不用去付出什麼努力；我們也可以選擇正面地迎接挫折，毫無畏懼。兩種選擇的人生結果是不同的，雖然後者會讓我們為此付出辛勤的工作，可是我們卻可以收穫戰勝困難的喜悅與興奮，也有了今後戰勝困難的勇氣。

不妨嘗試按照下面敘述的過程，去從容地應付每一次失敗，每一個挫折。

首先是卸掉思想的包袱。一個人無法永遠控制情勢，但是，可以選擇面對困境的態度。

不管你做得有多麼的糟糕，都要知道，只要自己的精神不垮，你就沒有真正的失敗！

人生在世，誰都會遇到挫折，挫折是任何人都無法避免的，這個認識有助於你正確地去理解和面對挫折。另外，我們更要知道，困境和挫折不一定全是壞事，因為挫折又是一種挑戰和考驗，它可以幫助我們驅走惰性、促使我們奮進。適度的挫折還具有一定的積極意義，它可以使我們的思想更清醒，更深刻，更成熟，更完美。

在遇到挫折的時候要懂得看到自己的優點，告訴自己一切還有希望。比如，你的老闆生氣地斥責了你，給了你一個非常差的評價。不要灰心失望，把自己的優點列出來寫在紙上，反覆地看幾遍，對自己說：「我還有很多優點，只是他沒有看到而已。」從哪裡跌倒，就應該從哪裡爬起來。不怕犯錯，就怕不知道如何改錯。

再給自己一次機會，常常會有意想不到的收穫。你以前做出的努力不會白費，它至少使你累積了經驗或以後避免重蹈覆轍。關鍵是要具有嘗試的膽量和面對失敗的勇氣，只要堅持不懈，夢想總會變成現實。

法國大文豪巴爾札克曾不顧家人的反對，立志從事文學創作，然而在初期創作失敗後，為了維持家計，他決定投筆從事出版業，卻受盡人家的欺騙，很快就失敗，接著他又改行當起了印刷廠的老闆。但不管他如何拚命掙扎，也還是失敗，並欠下了鉅額債務。

而後，他靜下心來慎重考慮，覺得自己還是從事文學比較有把握，於是他再次走進自己的工作室，夜以繼日地工作，終於取得巨大的成功，成為世界一流的文學巨擘。

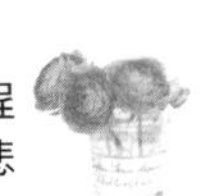

只有當我們重視挫折，及時吸取經驗，想出更好的改進辦法，我們才有可能知道下次怎樣才能做得更好，然後把這個教訓牢牢記在心中，並且永遠不要在同一個地方摔倒兩次。

教訓是挫折所能給人的最大的教益，或者說，經驗也正是由之累積而來。只要你耐心地去研究每次失敗的原因，不斷地去找出改進的方法，你就會變得越來越成熟，越來越聰明，越來越有職業和人生的經驗，而且越來越少地犯不必要的錯誤。

接下來用最快的速度行動起來，全力以赴地去做一件事。行動，是擺脫沮喪最好的辦法。哪怕是最微不足道的行動都是治療心理創傷最好的辦法，情緒無法被理智說服，但卻往往被行動所改變，這是人類最奇妙的現象之一。即便你只是收拾了一下房間，做了一頓美味的飯菜，出去散散步，在大自然中運動了一會兒，都會使你的狀況和心情有所改觀，而這份小小的成就感，可以幫助你重新找到自信。

哲理感悟

再給自己一次機會，常常會有意想不到的收穫。你以前作出的努力不會白費，它至少使你累積了經驗或以後避免重蹈覆轍。關鍵是要具有嘗試的膽量和面對失敗的勇氣，只要堅持不懈，夢想總會變成現實。

5. 挫折面前，不要害怕與後悔

對於你所遭遇的困難，你願意努力去嘗試，而且不只一次地嘗試嗎？你自己努力過嗎？只試一次是絕對不夠的，需要多次嘗試，那樣你會發現自己心中蘊藏著巨大能量。許多人之所以失敗，只是因為未能竭盡所能去嘗試。

戴高樂曾說過：「困難，特別吸引堅強的人。因為他只有在擁抱困難時，才會真正認識自己。」這句話一點也沒錯。

松下幸之助被譽為「經營之神」。他不是一個社會的幸運兒，不幸的生活卻促使他成為一個永遠的抗爭者。松下幸之助九歲起就去大飯店工作；父親的過早去世使得十五歲的他不得不擔負起全家生活的重擔，他體會到了做人的艱辛。

一九一〇年，松下幸之助來到大阪電燈公司做一名室內安裝電線學徒，一切從頭學起，後來，他誠實的品格和上乘的服務贏得了公司的信任。二十二歲那年，他晉升為公司最年輕的檢察員。就在這時，他遇到一次人生的挑戰。

有一天，他發現自己咳的痰中帶血，這使他非常害怕，因為這種奇怪的家族病史，已經有九位家人在三十歲前離開了人世，這其中包括他的父親和哥哥。當時的境況使他不可能按照醫生的吩咐去休養，他沒了退路，反而對可能發生的事情有了充分的精神準備，只能邊工

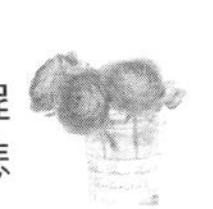

作邊治病，這也使他形成了一套與疾病抗爭的辦法：不斷調整自己的心態，以平常之心面對疾病，利用機體自身的免疫力、抵抗力與病魔鬥爭，使自己保持旺盛的精力。這樣的過程持續一年，他的身體也變得結實起來，內心也越來越堅強，這種心態也影響了他的一生。

松下電器公司不是一個一夜之間成功的公司，創業之初，正逢第一次世界大戰，物價飛漲，而松下幸之助手裡的所有資金還不到一百元，困難可以想像。但他把這一切都看成是創業的必然經歷，他對自己說：「再下點工夫總會成功的！已有更接近成功的把握了。」他相信：堅持下去取得成功，就是對自己最好的報答。皇天不負有心人，生意逐漸有了轉機，直到六年後拿出第一個像樣的產品——也就是自行車前燈時，公司才慢慢走出了困境。

第二次世界大戰的爆發使日本經濟走向了畸形發展，日本的戰敗使得松下幸之助變得幾乎一無所有，剩下的是到一九四九年達十億元的鉅額債務。為抗議把公司定為財閥，松下幸之助不下五十次地去美軍司令部進行交涉，其中的辛苦自不必言。

他之所以能夠走出遺傳病的陰影，安然度過企業經營中的一個個驚濤駭浪，得益於他永保一顆堅持樂觀的心，並能坦然應對生活中的挫折和磨難。松下幸之助說過：「只要有一顆謙虛和開放的心，你就可以在任何時候從任何人身上學到很多東西。無論是逆境或順境，坦然的處世態度，往往會使人更聰明。」

一次又一次的打擊並沒有擊垮松下幸之助，享年九十四歲高齡時他靜靜地離開了人世。這向人們表明，一個人只有從心理上、道德上成長起來時，他才可以長壽。

逆境給了松下幸之助寶貴的磨練和發展的機會。只有禁得起逆境考驗的人，才能算是真正的強者。如果不能坦然處之，那麼，在逆境時就容易卑躬屈膝，而順境時又得意忘形。其實，順境和逆境都是命運的安排，只有坦然去面對，才是最好的方式。坦然的處世態度會使人更加聰明。

一個坦然面對逆境而掙扎過來的人，與一個從順境中謀得發展的人，經歷的過程雖不大相同，但必然都具備了堅忍、正直和聰明的條件。

英國哲學家培根說過：「超越自然的奇蹟多是在對逆境的征服中出現的。」請記住，面對挫折不要怕，因為膽小者一事無成；也不要悔，因為成長必然要付出代價。總之，不論處境如何，為人處世之道就在於不迷惘、不矯揉，以一顆樂觀、豁達、健康的平常心面對，這樣生活就會令你感到無比美好。

哲理感悟

戴高樂曾經說過：「困難，特別吸引堅強的人。因為他只有在面對困難時，才會真正認識自己。」這句話一點也沒錯。

6. 接受自己所失去的

在人生的海洋中航行，不會永遠都一帆風順，難免會遇到挫折。所謂挫折，是指因為自身或環境等各方面的因素，阻礙或拖延了人們力求達到的目標時所引起的不良感覺。如果這種感覺持續時間過長或程度過於激烈，就可能引發各種身心疾病。因此，提高心理承受力，增強對挫折的抗擊力是人們健康生存和事業發展所必須的。這就要求我們能夠正確認識挫折，看到它的普遍性。

「天有不測風雲，人有旦夕禍福」，日常生活中，我們肯定遇到過朋友或自己的錢包被偷了的事情，很讓人心煩，不僅是錢不見了，裡面可能還有身分證等許多證件，這會讓人愁眉不展，如果我們的戶口在外地，辦身分證就得來回跑，除了麻煩，還會影響工作。不管怎樣，這件事會影響我們的心情，如果我們能這樣想：錢包已經不見了，你再怎麼生氣，也不可能重新出現了。錢丟了事小，如果好心情沒了，影響食欲、影響健康就太不值得了。身分證辦起來是很麻煩，但正好可以下定決心回趟家見到父母……

許多人都有過丟失某種重要或心愛之物的經歷：比如丟失剛發的薪資，最喜愛的自行車被偷，相處好幾年的戀人拂袖而去等，這些大都會在我們的心理蒙上陰影，有時我們甚至因此而飽受折磨。究其原因，就是我們沒有調整心態去面對失去，沒有從心理上承認失去，只困頓於已不存在的東西，而沒想到去創造新的東西。人們安慰丟東西的人時常會說：「舊的不去新的不來。」事實正是如此，與其為失去的自行車懊悔，不如考慮怎樣才能再買一輛新的；與其因戀人向你「拜拜」而痛不欲生，不如振作起來，重新開始，去贏得新的愛情。

人生總是在不斷地失去和擁有。擁有快樂，失去煩惱；撿到幸福，丟掉悲傷。不管將來你要怎樣選擇，最重要的是自己能夠開心地面對。

「萬事如意」是人們美好的願望，在現實生活中是不存在的。在巨浪滔天的困境中，我們更須堅定信念，隨時賦予自己生活的支持力，告訴自己「我一定能應付過去」。

當我們有了這份堅定的信念，困難便會在不知不覺中慢慢遠離，生活自然會回到風和日麗的寧靜與幸福之中。下面這個例子或許能讓你悟出更多的道理。

一個人坐在輪船的甲板上看報紙。突然一陣大風把他新買的帽子颳落大海中，只見他用手摸了一下頭，看看正在飄落的帽子，又繼續看起報紙來。

另一個人大惑不解：「先生，你的帽子被颳入大海了！」「知道了，謝謝！」他仍繼續讀報。「可是那頂帽子值幾十美元呢！」「是的，我正在考慮怎樣省錢再買一頂呢！帽子丟了，我很心疼，可是它還能回來嗎？」說完那人又繼續看起報紙來。

的確，失去的已經失去，何必為之大驚小怪或耿耿於懷呢？最重要的是要勇敢地去承擔

後果，同時，還要原諒自己。新的機會每天都在出現，但是，沒有什麼比背著沉重的精神包袱更能傷害一個人的健康和意志了，它令我們感到無助、勞累。而一個人如果不能勇敢地面對問題，也就無法原諒自己，他就永遠活在了過去，而無法去面對明天和未來，於是，我們就無形中給自己製造了更多的煩惱和麻煩。因為，今天的一切不如意要靠你今天去改變，你今天的所作所為，決定你明天會收穫什麼。

生活中，我們難免失去，如果在失去什麼之後，我們還要再失去快樂的心情，豈不是失去更多了？如果我們能換一個角度來思考問題，生活中又有什麼讓人感到過不去的事情？

哲理感悟

人生總是在不斷地失去和擁有。擁有快樂，失去煩惱；撿到幸福，丟掉悲傷。不管將來你要怎樣選擇，最重要的是自己能夠開心地面對。

7. 超越缺陷在於發展長處

世上有滴水不漏的桶，但沒有十全十美的人。

人都有自己的長處和短處。然而，有的人卻將注意力過多地集中到自己身上的缺陷，看不到自己的長處。他們萬般苦惱自卑，認為是因為那些缺陷而使自己不能獲得人生的成功。其實，尺有所長，寸有所短，每個人身上都會有某種缺陷，關鍵看你怎麼對待它。

有些人身上其所謂的缺陷，對他個人的工作和生活並沒有什麼妨礙，與其花大量的心思去討厭它、彌補它，不如將時間精力用來關注、發揮、表現自己的長處，開發自己獨特的天賦。當你的優勢被發揮渲染到極致時，你的劣勢也就不再引人注目了，到那時，你也就成功了。

假如桶子的缺陷在頸部，我們可以裝水，假如缺陷在桶底，那麼可以用來種花。人的定位與產品和企業的定位是相同的，一個人只有把希望和夢想融入到更高的追求、更高的目標中才有可能超越自身的缺陷。

著名的音樂家湯瑪斯・傑弗遜其貌不揚，他在向他的妻子瑪莎求婚時，還有兩位情敵也在追求瑪莎。

一個星期天，傑弗遜的兩個情敵在瑪莎的家門口相遇，於是，他們準備聯合起來羞辱傑弗遜。可是，這時門裡傳來優美的小提琴聲，還有一個甜美的聲音在伴唱。悠揚的樂曲在房屋周遭縈繞著，兩個情敵此時竟沒有勇氣去推瑪莎家的門，他們心照不宣地走了，再也沒有回來過。

傑弗遜並不完美，也不出眾，但是，他有了小提琴和音樂才華，他就不言而勝了。生活中，對自己的缺陷和弱點，不同的人會採取不同的辦法，傑弗遜是小提琴家，我們呢？其實我們都有發現自己優點的武器。

對於每個人來講，不完美是客觀存在的，但無需怨天尤人，在羨慕別人的同時，不妨想想，怎樣才能走出缺陷。或用善良美化，或用知識充實，或用自己的一技之長發展自己……生命的可貴之處在於看到自己的不足之處以後，能坦然面對，最終走出缺陷和失敗。

我們無法使自己的外貌完美，但我們絕對有能力使自己的內心變得完美，不會被缺陷和不完美的種種所累！世界並不完美，人生當有不足。留些遺憾，反倒可以使人清醒，催人奮進，反而是好事。要知道，沒有遺憾的過去無法連結人生。

世界上沒有絕對的完美，即使缺陷再大的人也有其優點，正如，再完美的人也有缺陷一樣，能夠充分發揮自己的長處，照樣可以贏得精彩人生。

哲理感悟

我們無法使自己的外貌變得完美，但絕對有能力使自己的內心變得完美，不會被缺陷和其餘的不完美所累！世界並不完美，人生當有不足。留些遺憾，倒可以使人清醒，催人奮進，反而是好事。要知道，沒有遺憾的過去無法連結人生。

8. 勇於面對失敗，才能走向成功

人生之路充滿坎坷，一個人不可能永遠一帆風順，難免遇到挫折。遇到挫折並不可怕，重要的是你如何面對它。有的人灰心、氣餒；有的人調整心態，重整旗鼓……

一九八九年，日本松下公司公開招聘管理人員，一位名叫福田三郎的青年參加了應試。考試結果公布，福田名落孫山。得到這一消息後，福田深感絕望，頓起輕生之念，幸虧搶救及時，他自殺未遂。

此時公司派人送來通知，原來福田被錄取了，他的考試成績名列第二，因當時電腦故障，所以統計時出了差錯。然而，當松下公司得知福田因未被錄用而自殺時又決定將他解聘。其理由是，連這樣小小的打擊都經受不起的人，又怎麼能在今後艱苦曲折的奮鬥之路上建功立業呢？

由此可見心理素質對一個人來說是何等重要！

不願面對失敗的人，永遠都是失敗的；勇於面對失敗的人，即使最後失敗了，也仍然是勝利的，因為他懂得如何對待挫折。不敢面對挫折的人，不是一個自信的人，因為一個自信

的人是不會那麼介意自己的失敗的，他對自己充滿信心，他知道自己最終會勝利。人只要多一分自信，就會坦然地面對挫折。

有一天，俄羅斯劇作家克雷洛夫在街上行走。忽然，有個年輕的果農走上前來，攔住了他的去路。只見果農拿著一籃水果，向克雷洛夫兜售。

年輕人靦腆地對他說：「先生，請你幫忙買些水果吧！不過，我要老實告訴你，這些水果其實有點酸，因為這是我第一次種水果。」

克雷洛夫見這個果農如此誠實，心生好感，便向他買了幾個水果，並對他說：「年輕人，別灰心啊！你以後種的水果會越來越甜的，我第一次種的水果也是酸的。」

年輕人一聽，以為遇到「同行」，連忙請教：「你以前也種過果樹嗎？後來呢？」

克雷洛夫笑著說：「我啊！我收穫的第一個果實是《用咖啡渣占卜的女人》。不過，當時沒有一個劇院願意演出這個劇本。」

不必擔心未來的結果，只要仔細檢查眼前的步伐有沒有錯誤失算，走一步便修正一步，並學會坦然面對我們邁出的每一步，那麼當我們站在終點時，自然能站立得踏實又穩健。

人的一生難免會遇到失敗與挫折，我們每個人都可以像克雷洛夫一樣，善於自我調侃，不要害怕我們跨出的第一步，把難堪的窘境當成人生的必然經歷。

美國成人教育家卡內基經過調查研究認為，一個人事業上的成功，只有十五%在於其學識和專業技術，而八十五%靠的是心理素質和善於處理人際關係。

一九七六年奧運會十項全能冠軍的獲得者詹納，曾從體育比賽角度做了類似的論述，他說：「奧林匹克運動賽，對運動員來說，二十%是身體方面的競技，八十%是心理上、人格上的挑戰。」事實上，每個人都有充分發展自己，使自己取得巨大成就的智慧，可惜不少人卻忽視了自我開發的巨大潛力。

小時候，我們都是從跌倒中學會走路的，即使長大成人，這樣的生命方式也不會改變，我們仍然得「從跌倒中學會走路」。

每一個困難與挫折，都只是生活中必然的跌跤動作，我們不必太過驚慌或難過，只要心裡牢牢記得小時候那種不怕跌倒的勇敢精神，鼓勵自己站起來，拍拍灰塵，然後繼續前進，或許下一步，我們就能踏著沉穩的步伐，朝著人生的新目標前進。

哲理感悟

人生之路充滿坎坷，不可能永遠一帆風順，難免遇到挫折。遇到挫折並不可怕，重要的是你如何面對。有的人灰心、氣餒；有的人調整心態，重整旗鼓……

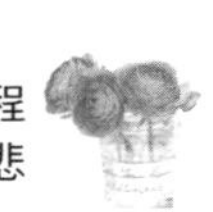

9. 成敗得失在於你的內心

很多人告訴自己：「我已經嘗試過了，不幸的是我失敗了。」其實他們並沒有弄清楚失敗的真正涵義。

大部分人在一生中都不會一帆風順，難免會遭受挫折和不幸。但是成功者和失敗者非常重要的一個區別就是，失敗者總是把挫折當成失敗，從而使每次挫折都能夠深深打擊他追求勝利的勇氣；成功者則是從不言敗，在一次又一次挫折面前，總是對自己說：「我不是失敗了，而是還沒有成功。」一個暫時失利的人，如果繼續努力，打算贏回來，那麼他今天的失利，就不是真正的失敗。相反地，如果他失去了再次戰鬥的勇氣，那就是真的輸了！

美國百貨大王梅西也是一個很好的例子。他於一八八二年生於波士頓，年輕時出過海，之後開了一間小雜貨鋪，賣些針線，然而，店鋪卻很快就倒閉了。一年後他另開了一家小雜貨鋪，仍以失敗告終。

在淘金熱席捲美國時，梅西在加利福尼亞開了間小飯館，本以為供應淘金客膳食是項穩賺不賠的買賣，豈料多數淘金者一無所獲，什麼也買不起，這樣一來，小飯館又倒閉了。

回到麻薩諸塞州之後，梅西滿懷信心地做起了布匹服裝生意，可是這一回他不只是倒閉，簡直是徹底破產，賠了個精光。

不死心的梅西又跑到新英格蘭做布匹服裝生意。這一回他時來運轉了，他買賣做得很靈活，雖然頭一天開張時帳面上才收入十一美元，但現在位於曼哈頓中心地區的梅西公司已經成為世界上最大的百貨公司之一。

如果一個人把眼光拘泥於挫折的痛感之上，他就很難再抽出身來想一想自己下一步如何努力，最後如何成功。一個拳擊運動員說：「當你的左眼被打傷時，右眼還得睜得大大的，才能夠看清敵人，也才能夠有機會還手。如果右眼同時閉上，那麼不但右眼要挨拳，恐怕連命也難保！」拳擊就是這樣，即使面對對手無比強勁的攻擊，你還是得睜大眼睛面對受傷的感覺，如果不是這樣的話一定會失敗得更慘。其實人生又何嘗不是這樣呢？

中國有句諺語叫「多難興邦」。挫折、困境確實可以使人精力耗竭、精神崩潰，乃至一蹶不振，但它也可以助人成熟，把人推向成功。同是挫折，對有些人會成為動力，助人走上人生的良性循環，而對有的人卻是阻力，使人陷入困境不能自拔。

「力量不在別處，就在我們自己身上。」面臨挫折和困境的朋友，願你從鮑狄埃的話語中，悟出你的力量和勇氣。要記住，走出失敗的第一步是能夠坦然地面對它。

人生的失敗大多是無法挽回的，越想補償，越不甘心就越痛苦，況且那失敗像破碎的瓷

器，像潑出的水，怎麼也不能回復到原來的樣子。所以在失敗的時候最重要的是找到一個新的起點，重新開始，繼續前行了。

有人用「只要耕耘，不問收穫」作為補償失敗的理論根據，可就算補償了又有什麼意義？人總要前進，不能把時間浪費在毫無意義的努力上，儘管這種努力很悲壯，很值得同情。

人在大的得意中常會遭遇小的失意，後者與前者比起來，可能微不足道，但是人們卻往往會怨歎那小小的失，而不去想想既有的得。

比如，一位千萬富翁，很可能會因為背負他人兩百萬元的欠款未收而鬱鬱不安，一位經理很可能因為遭受總經理的白眼而心事重重。他們只計較眼前小小的不如意，卻不想想自己已經是非常得意的人，也就因此，許多得意者反而不如一般人來得快樂。甚至千萬富翁還因此自殺了，經理就此辭職了，到頭來這些得意人，因為自己的看不開，終於成了真正的失意者。

得與失在我們的心中，只有一線之隔，我們意以為得，就是得意；意以為失，就是失意。所以顏淵居陋巷，一簞食，一瓢飲，也能得意在其中。秦王政統一七國，兼併天下，也能失意於其間。有得必有失，有失必有得，所得既多，便是再增加，也不覺得欣喜，稍有所失，便惶惶恐恐；所失既多，就是再失，也不感到痛惜，稍有所獲，便十分快樂。如此說來，得意何嘗不是失意之由，失意又何嘗不是得意之始呢？孔子《論語》裡紀載：

有一天楚王出遊，遺失了他的弓，下面的人要去找，楚王說：「不必了，我掉的弓，我的人民撿到，反正都是楚國人得到，又何必去找呢？」

孔子聽到這件事，感慨地說：「可惜楚王的心還是不夠大啊！他為什麼不講：人掉了弓，自然有人拾得，又何必計較是不是楚國人呢？」

更深一層想，我們人生最大的得意與失意，都是由我們自己來左右。人生最大的得，應該是「生」，我們從父母那裡得到生命，不是最大的得嗎？因為沒有這個得，就沒有以後的得，這是得的根本。而人生最大的失，應該是「死」，當這一刻來臨，我們便須交出所得的一切，包括自己的生命，這不是最大的損失嗎？

哲理感悟

得與失在我們心中，只有一線之隔，我們意以為得，就是得意；意以為失，就是失意。能夠悟透得失的人，才會有快樂的人生。

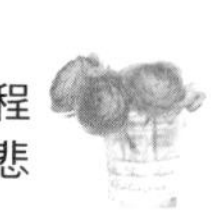

10. 由失敗走向成功的關鍵

日本人渡邊正雄曾經做過很多小生意，但有時賺，有時虧，根本就沒什麼值得一提的成就。待他五十歲時，他覺得做不動產這一行很賺錢，就決定改行，但他對不動產業是外行。一個人從事自己一竅不通的行業是行不通的，起碼也該有些常識和經驗。於是，渡邊打算一邊打工一邊吸取經驗。

當渡邊拿定主意之後，他去見了「大藏不動產公司」的董事長，請求雇用他。起初，董事長見他是個生手，年紀又不小了，沒有培養的價值，便冷冰冰地拒絕了。渡邊感到很失望，不得不退而求其次，央求道：「我不要薪金，請讓我免費為貴公司服務，可以嗎？」董事長想不出拒絕的理由，好在是個不必付薪水的，就把渡邊留了下來。

一年後，渡邊覺得自己學得差不多了，就離開了大藏公司，在東京新宿區買下了一間面積四十多平方尺的平房，開設了一家很小的不動產公司：「大都不動產公司」。

有一天，有人來向渡邊推銷土地，說那須有一塊幾百萬平方尺的高原地，價錢非常便宜，一平方尺只賣六十多日元。這是一塊山間的土地，很多從事不動產業者都知道這片土地，但沒有一個人對它感興趣，表示有興趣的只有渡邊一人。

當時的那須是個人跡罕至的地方，沒有道路，也沒有水電等公共設施，其價值幾乎等於零。但渡邊為何對這片土地感興趣呢？後來，他向世人道出了自己當初的想法：「雖然是一片廣闊無邊的高原，但跟天皇御用地鄰接，這會令人感覺到置身在與帝王一樣的環境裡，可以提高身分，能滿足一部分人的自尊心和虛榮心。再說，在這個擁擠的時代，將高原改造成住地的時間一定為期不遠。這時候把它買下來，動些腦筋，好好宣傳，一定大有賺頭。」

不久，渡邊不顧一切地拿出全部財產當賭注，又大量舉債，把數百萬平方尺的土地訂了下來。當他訂約後，不動產業者們都嘲笑他是一個大傻瓜，說：「只有傻瓜才會買那樣一片一文不值的山間土地。」

面對別人的嘲笑，渡邊毫不理會。他把土地細分為道路、公園、農園、建築用地，又與建築公司合作，準備先蓋二百戶別墅和大型出租公寓。一切準備妥當後，他就開始出售分段劃分的農園用土地和別墅地，以償還未付的土地款。

由於那須遠離都市的喧囂，空氣清新，景色優美，對那些厭惡都市噪音和污染的人極具吸引力。為了向世人推薦這片土地，渡邊展開了大張旗鼓的宣傳攻勢。如此，渡邊的宣傳果然大有收穫，東京以及其他都市的人都對此產生了極大興趣，紛紛前來訂購。有的人訂購別墅，有的人訂購一塊果園或菜地。因為不訂購別墅也有出租公寓可住，因此訂購農園、菜地的人多得驚人。

結果，不到一年，渡邊就把土地賣出了八成，一眨眼就淨賺五十多億日元。不僅如

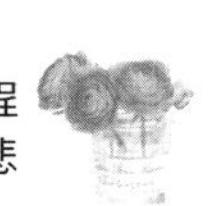

此，剩下的土地最少也值他當初所付出的土地款的三倍之多，而且價格還在不斷地上漲。

現實生活中，人們選擇職業往往非常看重薪水和工作環境，很少有人把學習技術，學習創業經驗擺在第一位，事實上，工作條件好，薪水高的飯碗很少，即使有也有很多人去搶。對所有的打工者，包括剛剛走上社會的大學畢業生來說，與其千方百計尋找就業職位，不如轉向學習創業經驗。

故事的主人翁渡邊正雄，大半輩子勞而無功。而後來轉向不動產業一舉成功。剛開始，他對不動產業也是一竅不通，但透過在大藏公司的為期一年不要薪水的工作和學習，他吸取了寶貴經驗，這是由失敗走向成功的關鍵。

哲理感悟

現實生活中，人們選擇職業往往非常看重薪水和工作環境，很少有人把學習技術，學習創業經驗擺在第一位，事實上，工作條件好，薪水高的飯碗很少，即使有也有很多人去搶。

第六章

拿得起，放得下，給愛情一個自由的空間。

每一份感情都很美，每一程相伴都令人迷醉。學會放棄，將昨天埋在心底，留下美好的回憶，給心靈一片真誠，一片感動，讓愛情隨夢飛揚！

1. 一心付出的真愛

這是一個沒有人相信愛情的時代。

確信自己愛上一個人的標準是自己覺得需要為對方做點什麼，甚至是付出自己最重要的東西，例如離開自己的城市去和對方在一起，改變自己的習慣以迎合對方的愛好等等。而因為不相信愛情的緣故，在迫切的感到自己有這樣做的衝動的時候，自己不停地說服自己去放棄、去逃避，誰知道對方是不是會珍視自己付出的這些呢？誰知道自己付出的這些是否會得到適當的回報呢，一切都不得而知，而作為一個渴望美好生活而又擁有無數美好希望的現代人，自己當然不斷地會提醒自己，在付出沒有回報之後，自己剩下的是不是還足夠支持自己將來的美好生活，換言之，迎接下一次的希望和可能。

於是，現代生活中大多數的激情衝動，在沒有發生時就已經消弭無形，這是一個經濟金融大行其道的時代，流行的學問是經世濟民，不是兼濟普羅大眾，一心思索自己幸福的人是不被認同的，這種心態的直接結果之一是，為了愛情而放棄些什麼的人，也放棄了被其他異性喜愛的可能，這世上，不普通的異性有多少呢？

女人能抓住男人第一眼注意的無非是容貌而已，第二眼尚能引起對方矚目的則是氣質。所謂氣質，來源於生活中豐富的感受和經歷，一個全職太太，在婚後倘若沒有家庭風波或者大家庭的矛盾，顯然是不可能有更多事情可以令她感到滄桑的。換言之，一個全職太太必須有充足的自信才可以相信，自己的先生可以在今後的數十年中，有足夠的理由來愛自己，並且保持不變。

一個人由出生到成年，在結婚前總是有固定的交際圈，交往的無非是同學之類而已，能交往的原因起初肯定是共同的生活經歷和交遊範圍，一旦突然變成全職太太，通常說來，除非朋友也是全職太太，否則漸漸互相之間的交流必然減少到零，顯然朋友見面聊天，所說無非是最近的生活之類，一個全職太太的生活和一個職業女性即使有交集，又能有多少呢？

女人，在沒有更多朋友友誼可以期待，而對自己的另一半的吸引力能否永久還在未知數的時候，毅然的做一個全職太太，這在最主要是一種自我犧牲，同時也給自己的另一半一個相當的承諾：我什麼退路都沒有的來和你在一起了，你就全心全意的愛我吧！

捨棄一切，只為心中最愛的人。有什麼比愛情的承諾更有如此的說服力和影響力呢？

哲理感悟

一個女人，愛上一個男人，可以為他做到完全徹底的放棄自己，莫過於做他的全職太太，撇開日常家務的繁瑣不談，光是放棄自己的工作和持續了數十年的生活軌道，安心的把自己的將來託付給自己愛的男人這一點就值得敬佩和尊重。

2. 愛的付出

在一個非常寧靜而美麗的小城，有一對非常恩愛的戀人，他們每天都去海邊看日出，晚上去海邊送夕陽，每個見過他們的人都向他們投來羨慕的目光。

可是有一天，在一場車禍中，女孩不幸受了重傷，她靜靜地躺在醫院的病床上，幾天幾夜都沒有醒過來。白天，男孩就守在床前不停地呼喚毫無知覺的戀人；晚上，他就跑到小城的教堂裡向上帝禱告，他已經哭乾了眼淚。

一個月過去了，女孩仍然昏睡著，而男孩早已憔悴不堪了，但他仍苦苦地支撐著。終於有一天，上帝被這個癡情的男孩感動了，於是他決定給這個執著的男孩一個例外。上帝問他：「你願意用自己的生命作為交換嗎？」男孩毫不猶豫地回答：「我願意！」上帝說：「那好吧！我可以讓你的戀人很快醒過來，但你要答應化作三年的蜻蜓，你願意嗎？」男孩聽了，還是堅定地回答道：「我願意！」

天亮了，男孩已經變成了一隻漂亮的蜻蜓，他告別了上帝便匆匆地飛到了醫院。女孩真的醒了，而且她還在跟身旁的一位醫生交談著什麼，可惜他聽不到。

幾天後，女孩便康復出院了，但是，她並不快樂。她四處打聽著男孩的下落，但沒有人知道男孩究竟去了哪裡。女孩整天不停地尋找著，然而早已化身成蜻蜓的男孩卻無

時無刻不圍繞在她身邊，只是他不會呼喊，不會擁抱，他只能默默地承受著她的視而不見。夏天過去了，秋天的涼風吹落了樹葉，蜻蜓不得不離開這裡。於是他最後一次飛落在女孩的肩上，他想用自己的翅膀撫摸她的臉，用細小的嘴來親吻她的額頭，然而他弱小的身體還是不足以被她發現。

轉眼間，春天來了，蜻蜓迫不及待地飛回來尋找自己的戀人。然而，她那熟悉的身影旁站著一個高大而英俊的男人，那一剎那，蜻蜓幾乎快從半空中墜落下來。人們講起車禍後女孩病得多麼的嚴重，描述著那名男醫生有多麼的善良、可愛，還描述著他們的愛情有多麼的理所當然，當然也描述了女孩已經快樂如從前。

蜻蜓傷心極了，在接下來的幾天中，他常常會看到那個男人帶著自己的戀人在海邊看日出，晚上又在海邊看日落，而他自己除了偶爾能停落在她的肩上外，什麼也做不了。

這一年的夏天特別長，蜻蜓每天痛苦地低飛著，他已經沒有勇氣接近自己昔日的戀人。她和那男人之間的喃喃細語，他和她快樂的笑聲，都令他窒息。

第三年的夏天，蜻蜓已不再常常去看望自己的戀人了。她的肩被男醫生輕擁著，臉被男醫生輕輕地吻著，根本沒有時間去留意一隻傷心的蜻蜓，更沒有心情去懷念過去。

上帝約定的三年期限很快就要到了。就在最後一天，蜻蜓昔日的戀人跟那個男醫生舉行了婚禮。

蜻蜓悄悄地飛進教堂，落在上帝的肩膀上，他聽到下面的戀人對上帝發誓說：我願

意！他看著那個男醫生把戒指戴到昔日戀人的手上，然後看著他們甜蜜地親吻著。蜻蜓流下了傷心的淚水。

上帝歎息著：「你後悔了嗎？」蜻蜓擦乾了眼淚：「沒有！」上帝又帶著一絲愉悅說：「那麼明天你就可以變回你自己了。」蜻蜓搖搖頭：「就讓我做一輩子蜻蜓吧！」

有些緣分是注定要失去的，有些緣分是永遠不會有好結果的。愛一個人不一定要擁有，但擁有一個人就一定要好好去愛他。你的肩上有蜻蜓嗎？

哲理感悟

有些緣分是注定要失去的，有些緣分是永遠不會有好結果的。愛一個人不一定要擁有，但擁有一個人就一定要好好去愛他。

3. 愛的最高境界是放棄

許多事情，總是在經歷過以後才會懂得。比如感情，痛過了，才會懂得如何保護自己；

傻過了，才會懂得適時的堅持與放棄，在得到與失去中我們慢慢地認識自己。其實，生活並不需要這麼些無謂的執著，沒有什麼就真的不能割捨。學會放棄，生活會更容易。

學會放棄，在落淚以前轉身離去，留下簡單的背影；學會放棄，將昨天埋在心底，留下最美好的回憶；學會放棄，讓彼此都能有個更輕鬆的開始，遍體鱗傷的愛並不一定就刻骨銘心。這一程情深緣淺，走到今天，已經不容易，輕輕地抽出手，說聲再見，真的很感謝，這一路上有你。曾說過愛你的，今天，仍是愛你。只是，愛你，卻不能與你在一起。一如愛那原野的火百合，愛它，卻不能攜它歸去。

每一份感情都很美，每一程相伴也都令人迷醉。是不能擁有的遺憾讓我們更感繾綣；是夜半無眠的思念讓我們更覺留戀。感情是一份沒有答案的問卷，苦苦的追尋並不能讓生活更圓滿。也許一點遺憾，一絲傷感，會讓這份答卷更雋永，也更久遠。

收拾起心情，繼續走吧！錯過花，你將收穫雨；錯過她，我才遇到了你。繼續走吧！你終將收穫自己的美麗。

一個永遠不想失去你的人，未必是愛你的人，未必對你忠心耿耿，有時只是這種腦袋不清的強烈佔有欲者，他們才會做出各種「損人不利己」的事情，還如此理所當然。

在心中如有「曾經擁有就永遠不要失去」的偏執狂與佔有欲，越想要獲得愛的永久保證書，只會越走越偏離。誰說喜歡一樣東西就一定要得到？

有些人為了得到他喜歡的東西，殫精竭慮，費盡心機，更甚者可能會不擇手段。也許他

得到了他喜歡的東西，但是在他追逐的過程中，失去的東西也無法計算，他付出的代價是其得到的東西所無法彌補的。也許那代價是沉重的，直到最後才會被他發現罷了。

其實喜歡一樣東西，不一定要得到它。因強求一樣東西而令自己的身心疲憊不堪，是很不划算的。再者，有些東西是「只可遠觀而不可近看的」，一旦你得到它，日子一久你可能會發現其實它並不如想像中的好。若你再發現你失去和放棄的東西更珍貴時，我想你一定會懊惱不已。因此而有這樣的一句話：「得不到的東西永遠是最好的」。所以當你喜歡一樣東西時，得到它並不是你最明智的選擇。

誰說喜歡一個人就一定要和他在一起？有時候，有些人為了能和自己喜歡的人在一起，不惜使用「一哭二鬧三上吊」這種最原始的辦法。也許這樣留住了愛人的人，卻留不住他的心。更有甚者，為了留住愛人而賠上自己那年輕又燦爛的生命，可能這會喚起愛人的回應吧？但是，這也帶給他更多的內疚與自責，還有不安，從此快樂就會和他揮手告別。

其實喜歡一個人，並不一定要和他在一起，雖然有人常說「不在乎天長地久，只在乎曾經擁有」，但是並不是所有人都會快樂。喜歡一個人，最重要的是讓他快樂，因為他的喜怒哀樂都會牽動你的心緒。所以也有這樣一句話：「你快樂，所以我快樂。」因此，當你喜歡一個人時，暗戀也不失為上策。所以，無論是喜歡一樣東西也好，喜歡一個人也罷，與其讓自己負累，還不如放輕鬆地面對，即使有一天放棄或者離開，你也學會了平靜。

喜歡一樣東西，就要學會欣賞它、珍惜它，使它更彌足珍貴。喜歡一個人，就要讓他快樂，讓他幸福，使那份感情更誠摯。如果你做不到，那你還是放手吧！所以有時候，有些人，也要學會放棄，因為放棄也是一種美麗。

哲理感悟

學會放棄，在落淚前轉身離去，留下簡單的背影；學會放棄，將昨天埋在心底，留下最美好的回憶；學會放棄，讓彼此都能有個更輕鬆的開始，遍體鱗傷的愛並不一定就刻骨銘心。

4. 放棄泥沙始見金

放棄，對每個人來說，都有一個痛苦的過程，因為放棄，意味著不再擁有。但是，不放棄，想擁有一切，最終你將一無所有，這是生命的無奈之處。如果你不放棄眼前的熱烈，就無法享受花前月下的溫馨……生活給予我們每個人的都是一座豐富的寶庫，但你必須學會放棄，選擇適合你自己應該擁有的，否則，生命將難以承受！一個決定可以改變一個人的命運，這個決定是對是錯，恐怕要用一生來作賭注。

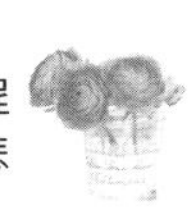

其實，「有」未必真得，「無」未必真失，有無隨緣、得失在心，人生的遭遇不可用「得失」二字定論。愛過痛過，才算了解愛，雖然這愛性味苦澀、無花無果，只在心裡生長，只任歲月將它腐蝕……好在有時間這帖藥，它雖根治不了你的傷，但或許能慢慢止住你的痛。

有個人說了這樣一個有趣的事：

他曾經和女友一起做了一個小測驗，說如果同時丟了三樣東西：錢包、鑰匙、電話本，最要緊的是哪一樣？女友毫不猶豫地選擇了電話本，而他毫不猶豫地選擇了鑰匙。答案說，女友是一個懷舊的人，他是一個現實的人。

後來他們分手了，女友的確總被過去糾纏得不快樂，一段大學時代未果的愛情至今還讓她念念不忘，而那段戀情中的他早已為人夫、為人父。女友的心停在了過去，一直後悔當初沒有堅持到底，因此，又錯過了很多不錯的人。

他問她：「還可以挽回嗎？」她搖搖頭，他說：「那為什麼不放棄？」

她無奈地說：「放棄不了。」

他說：「其實是你不想放棄。」

佛家有言：「苦海無邊，回頭是岸。」偏偏有人執迷不悔，因此，煩惱都是自尋的。

人生有些錯誤是需要付出代價的，這個代價就是放棄。外在的放棄讓你接受教訓，心裡的放棄讓你得到解脫。生活中的垃圾既然能不皺一下眉頭輕易丟掉，情感上的垃圾也無須抱殘守缺。不要總想著挽回，有時人生需要放棄，放棄才能重溫幸福的感覺。

放棄是一門藝術。在物慾橫流的今天，既需要你做出選擇，而更多的則是放棄。與其說是抉擇得當，不如說是放棄得好。人生苦短，要想獲得越多，就得放棄越多。那些什麼都不放棄的人，是不可能有多少收穫的。其結果必然是對自身生命的最大的放棄，讓自己的一生永遠處在碌碌無為之中。

不以得喜，不以失悲。盡自己最大的努力去做，管它花開花落，雲卷雲舒。

哲理感悟

生活給予我們每個人的都是一座豐富的寶庫，但你必須學會放棄，選擇適合你自己應該擁有的，否則，生命將難以承受！

5. 懂得放手，給愛一個空間

一個女子捲入不倫戀多年，遲遲不能走出這段對她來說已是苦遠多於甜的關係。她說：

「我忘不了那些他曾給過我的浪漫、深刻的愛的感覺。」另一個女人的男友感情出軌多次，儘管痛苦，但她卻始終不願分手，她說：「和他在一起這麼多年，要分手，我不甘心！」

當愛遠走，放棄和放手是最好的選擇。因為無法忘卻曾經有過的美好，無法相信現實，而讓更多的痛苦壓在自己的肩上、心上；讓自己和對方一起痛苦，是否懲罰了對方也許還是未知數，自己卻絕對是被懲罰最重的人。因為你剝奪了自己重新享受快樂和幸福的權利。

放手讓愛的人走，並不是一件容易的事。但是，這卻是唯一的良藥。否則，我們就會處在無休止的痛苦、氣憤和沮喪之中。

所謂放棄和放手的藝術，並不單只在愛情消逝的時候適用。事實上，當愛情還在的時候，就懂得放手的道理，往往是更積極的治本的方法。

從小到大，在每一段關係裡，我們都是在尋找著一方面與人聯結、一方面與自己聯結的雙向路線。也就是說不管多親密，我們也需要擁有自己的空間。親子關係、家人關係、朋友關係都如此，愛情關係當然也不例外。如果失去了這樣的空間，我們很快就會覺得被束縛，覺得窒息，覺得痛苦。

因此，當愛還在的時候，懂得適當放手，給愛一個空間，就是一件很重要的事情。其實，如果仔細而深入地思考一下，如果我們在愛時僅僅要求雙方黏在一起，往往是因為害怕、因為缺乏安全感、因為嫉妒、因為要把自己生命的責任和重量交在對方身上，而不是因為愛。

放手，給愛空間，就像紀伯倫在《先知》中所說的：「在你們的密切結合之中保留些空間吧！好讓天堂的風在你們之間舞蹈。彼此相愛，卻不要使愛成為枷鎖，讓它就像在你們倆靈魂之間自由流動的海水。」

有一個詞叫「全身進退」，大概意思是指人不論在什麼情況下，都能在付出的時候全心全意地投入進去，在離開的時候毫無牽掛地抽身而去。古人都知道「吾不能學太上之忘情」，在真正的生活中，這種全身進退的理想狀態，不知道有幾個人能做得到。

現實裡的情況是，我們往往在付出的時候不夠徹底，總是有這樣那樣的顧慮，擔心別人的看法，擔心自己的眼光，擔心現實裡的矛盾，甚至擔心一個無足輕重的細節的完美度。時間一分一秒過去了，百分之百的熱情似乎總沒有像內心期待的那樣出現過，它們都被消耗在了各種各樣的顧慮裡。所以到了最後，我們只能矜持地微笑，節制地用情，吝惜地計算。

我們也往往在離開的時候，不能夠瀟灑地掉頭就走，而是一顧三歎，餘情未了，在決定離開的第一秒鐘裡就開始痛恨或後悔。甚至是在以為自己早已全身而退的時候，卻在一個似曾相識的地方和時刻不可阻擋地想起那個人、那件事，而後覺得像被殺傷性武器擊中，痛心得淚流滿面，心碎難擋。

有人說愛的反面其實不是恨，而是淡漠，這真是一句真理。愛一個人的時候，情感都是激昂的。他關心你，你便想以十倍、百倍的愛去關心他；他擁抱你，你便想以更多更有力的擁抱去回應他；哪怕是他犯了什麼錯有了什麼失誤，讓你對他恨得牙癢癢時，你也會想用盡全力狠狠地去揍他，掐他，打他，反正無論如何，都絕不會無動於衷地不理他。

除非是愛到殫精竭慮，愛到心灰意冷，愛到徹底絕望，心中已經不再有燦爛的火花，甚至連那些燃燒過後的草木灰的溫度也沒有。這種時候，想不淡漠都難。從此對你形同陌路，對你的一切也不再有任何的回應。沒有餘恨，沒有深情，更沒有心思和氣力再做哪怕多一點的糾纏，所有剩下的，都只是無謂。有一天當你發現對於過去的一切都不再在乎，它們對你都變得無所謂的時候，愛肯定也就消失了。

所以，你要知道，恨你，是因為愛你；淡漠你，是因為記憶中根本沒有你。

全身進退，意味著在愛的時候，你要用盡百分之百的感情，哪怕是爭執，哪怕是吵鬧，你也千萬別不理我。因為不理不睬意味著淡漠，意味著你的心裡不再有我的位置。千萬別假裝淡漠，在假裝淡漠的時候，你一定更心痛，那是因為你依然愛著。

全身進退，意味著在不愛時你一定要毫不猶豫地放下，千萬別回頭，或在夜深時分還想著留條短信安慰我。要知道，你任何一點不乾脆，都會讓我像一個溺水的人般拚命拉住你的衣襟，以為抓住了最後的希望，讓你無法徹底離去，把曾經美好的感情都拖累成厭倦。

哲理感悟

所謂放棄和放手的藝術，並不單只在愛情消逝的時候適用。事實上，當愛情還在的時候，就懂得放手的道理，往往是更積極的治本的方法。

6. 相愛的美妙感懷

相愛，在相處的時光中尋找轉移。任何一種長期的沉溺，也會變得乏味，適當尋找一些轉移，才能讓愛情變得更有滋味。

單身的個人生活，有自己足夠的時間和空間去發展自己心中的最愛。當愛情向人走來，成為人們生活中的一部分時，讓不同的人在不能承受的能力下，無形中使生活有了一些大的轉變。一個人的相當一部分心思要從心事中分散並花在最愛的那一個他或她上，這種捨得和付出，在轉移中花了大氣力尋求彌補，又為的是能有往日的一種平衡。

感情上的親近和疏遠，忽冷忽熱，並非對愛情的折扣，而是對愛情的一種循環的需要。任何一種改變都有一個根本的原因，沒有誰故意傷害得之不易的愛情。疏遠感情，也許是因為把精力投入到了自己的追求當中。沒有一個人，一件事，是永恆不變的，也沒有兩個人是永遠守在一起而不分開的。包容另外一個人擁有的世界，包括時間的跨越和空間的距離，才會迎來多彩的生活，也會為相聚時的交流提供更多的話題和素材。

相互疏遠，並不都有一個理由。而為真愛即使有一個，也是相通的。長期停留在感受對方的情感和需求中，往往會迷失自我的方向和感覺。距離是一種緩和的添加劑，它能讓彼此更加感受對方的情感和需要，倒更能增加相互親近的動力。

相愛，在跌宕起伏的情感中沉浸。像起伏的群山，誰都希望觀覽山頂的風光，山谷卻是許多人雲集擁擠之處。在人生的山峰滿足愛的欲望，在人生的低谷奢求愛的滋養。相思總是相聚的嚮往，卻常思忖走在個人的世界，錯失反倒成為彌補一種缺失的空白。失望，無助，往往產生被愛的設想，於是自己鼓足勇氣和信心，在為愛與被愛尋求滿足中，誰都富於表現，以各種增強人際吸引之法去接近另外一個人，儘管不知道他或她將來自何方。

相同的年紀，不同的經歷；相同的生活追求，不同的生活壓抑。沒有誰強迫自己交出迎接愛的權力。哪怕是名義上禁止愛情的校園，卻也常常使愛情走向那聖潔的土地。那都必須是經歷了理智的分析，才作出決定為愛伸出雙臂。

愛的情調裡，相當一部分關愛都必須是在默默地給對方施一種幫助，卻從不求有所回報，而只是讓心去體會另一顆心的溫情和親近感。沒有言語，沉浸的就是一種十分默契的氣氛，只有彼此愛戀的人，才會深刻感受到它的存在，才會發現，什麼才是身臨其境的體驗。

哲理感悟

沒有一個人，一件事，是永恆不變的，也沒有兩個人是永遠守在一起而不分開的。包容另外一個人擁有的世界，包括時間的跨越和空間的距離，才會迎來多彩的生活，也會為相聚時的交流提供更多的話題和素材。

7.面對愛情，要拿得起放得下

如果你有幸在一生裡遇見了你心愛的人，無論結局怎樣，都可以說是幸福的吧？白頭到老固然很好，如果分手了，或者為愛情而傷心，也都很幸福，畢竟你愛過，你為了愛情落淚，為了愛情心碎，曾經浪漫過，兩個人在冬天的風裡瘋狂，在夏天的雨中漫步，即使當初的戀人已經遠去，戀愛時的浪漫情節依然在你的心裡埋藏，這不也是一件很快樂的事情嗎？

記得一本書說過，一個人無論他陪你走了多遠，最終還是會和你道別，畢竟同一時刻出生的人很少，而一起走到老的人，不但有感情中的離別還有生與死的離別，如果這樣想，你即使分手了，也不會那麼傷心，反而會祝福對方。若在某天相遇，將有另一番滋味在心頭。

許多在戀愛中的人會迷失自己，找不到自己，有的人聰明地把自己藏在愛情的背後，可是卻收穫了滿懷的溫馨與幸福。有的人為了愛人願意付出自己的生命，為了她可以不要全世界，還是有他陪伴著的日子天天永恆？如果說傑克死後，露絲也跟著沉到海底，那麼就沒有了那感人至深、賺了無數淚水的鐵達尼號。愛情的意義不是讓一個人為另一個人犧牲，而是兩個人共同付出，彼此幸福。

不要為了一個人而活，一個人去承擔兩個人的愛情是很痛苦的，只有兩顆心去真心經營愛情，那才是真正的愛情。在愛情的世界裡沒有真正的幸福，也不會有什麼永恆的快樂，

畢竟人都是有感情的，有七情六欲，總有太多的現實讓你無法不顧愛情，你我只是塵世中的一員，又怎麼可能不顧家人和朋友的眼光、心情，不顧別人的感受去愛，去追逐？

也許你會在他離開的時候難過傷心，但是總比失去自己的靈魂好。因為沒有人會陪你一輩子的……如果你真的愛一個人，那個人便會在你最想忘記的時候出現在你的心裡，會在你最難過最失落的時候出現在你的心裡，可是你想了又想卻無法確定是否要告訴他你現在的感受，你現在苦惱，因為你在乎他的感受，在乎他的想法。可是有時候越是在乎就越容易失去，越容易讓自己受傷。難道這就是愛嗎？這種愛是很痛苦的，愛情也不要像手裡的泥土越把握，就越容易流下來，最後剩下的只是少之又少的塵埃。如果愛是這樣，越是愛，就越容易失去，那麼我們是否要保持一定的距離，心靈的距離？可是那樣，我們之間的交集又會在哪裡呢？那些渾然天成的交集，錯過多可惜。我們總在等待著，那些幸福的腳印，當你再回頭的時候她已經消失了，原來幸福是在前方的。

哲理感悟

不要為了一個人而活，一個人去承擔兩個人的愛情是很痛苦的，只有兩顆心去真心經營愛情，那才是真正的愛情。

8. 勞燕分飛也有益

當婚姻出現裂痕，亮起紅燈時，許多夫妻便選擇了離婚。雖然離婚給雙方帶來的影響都是巨大的，但離婚並不是多麼可怕的事情，可有些人卻往往陷入這種悲痛之中不能自拔。

有的人離婚後，一直處於痛苦之中，對什麼事都沒有興趣，不想吃飯，不想做事，覺得生活中出現了巨大的空缺。面對強烈的空洞，當事人覺得自己好像掉入了巨大的黑洞之中，不斷下墜、下墜，直至死去。

其實，婚姻是一個人不可缺少的部分，但它不是一個人生活的全部。當婚姻沒有了的時候，你還可以用事業、友情、親情、子女情去填補它造成的空缺，最起碼可以防止內心空洞的加大。離婚者往往沉湎於過去，陷入對過去婚姻生活的回憶中而不能自拔。每個人都不能生活在過去，而是生活在今天，期望在明天，離婚者應該把注意力轉向未來。很多人在結婚之後都把結婚之前的理想與夢想埋葬了，那離婚之後，又恢復了單身生活之時，你不妨去把那些以前一直想做而又沒有去做的事情付諸實施。

一旦你的注意力轉移，情緒也會相應地好起來，當你專注於某件想做的事時，你就沒心思去想那些令人痛苦的事。一旦你覺得你也可以充實、快樂時，你的痛苦就會慢慢減少。

還有很多被動離婚者，他們常常認為自己為對方奉獻了大半輩子的時間、精力及其他

一切，到頭來卻落得一個被拋棄的下場。她們心有不甘，總是想「憑什麼我奉獻一切，卻什麼也沒有得到」。其實，只要靜下心來想一想，想想自己和對方共同走過的那些年，經歷過的那些風雨、快樂的事，自己收穫的種種體驗和感受，就會明白其實自己是得到了的，經歷就是人生最寶貴的財富啊！

對於那些因「第三者」的介入而失去妻子和家庭的人來說，吞下的是一顆酸澀的果實，但也要看到，結束一段不幸的婚姻未必不是一件幸事。幸福的風帆總為那些自強不息者張揚，離婚者要自強、自立，努力在社會上尋求並實現自己的價值，說不定美好的愛情又會不期而至。

總之，離婚者應積極調整自己的心態，在感到空虛時讓自己忙起來，在缺乏信心時努力把工作做好，在憤怒時想想對方以前帶給你的快樂以及名存實亡的婚姻造成的更大痛苦。簡而言之一句話：離婚不是終點，而是一個新的起點，是新生活的開始，新生活是否美好，全在於你的掌握。

哲理感悟

離婚不是終點，而是一個新的起點，是新生活的開始，新生活是否美好，全在於你的掌握。

第七章

捨小錢，得大錢，做生意吃虧也是福。

吃虧的技巧與智慧就在於吃虧在明，得利在暗。放開肚量，從長遠的角度思考問題，吃虧實際上是一種投入，吃虧其實就是福。

1. 二個字抓住財富泉源

伴隨著一股淘金熱，薩姆・沃爾頓和另外一個青年不約而同地來到這個西部城市做相同的生意。由於都是單槍匹馬在外，不僅生意需要相互幫忙，就連生活也需要相互照顧，兩人成了好朋友，白天沿街叫賣，晚上一起住旅館。他愛讀書，每到晚上就躺在床上翻書看。而那個青年則愛研究地圖，既看本國地圖，也看世界地圖，還時不時在地圖上做各種標記。

兩年後，這兩個人都有了點積蓄，決定回家鄉創業。但回鄉不久，那個青年覺得家鄉還沒開發，沒什麼錢可賺，聽說東部的錢好賺，於是決定去那裡發展。臨走之際，邀請他同去。但他考慮再三，卻拒絕了，他決定就在這兒開始他的創業生涯。因為，他聽過這樣一句話：小生意靠守，大生意靠跑。他沒有錢做大生意，只能先做小生意，況且，這兒又是人口密集區，做小本零售生意肯定賺錢。

於是，他守在他的居住區做起了日用百貨零售小生意。果然如他所料，他的生意很賺錢，來他這兒買各種日用品的顧客絡繹不絕。很快，他就擴大了店面。十年後，他建立了功能齊全的超級市場，專門經營日用品。他理所當然地成為這家超市的總經理。

生意經營到此時，規模已經比較大了。這時他想：當年創業時，做的是小本生意，靠的是「守」，現在有了一定實力，到該「跑」的時候了。於是，他鼓勵他的員工和部門主管積極行動起來，去各地拓展市場。他說，坐著不動，永遠賺不了大錢。要想賺大錢，就要動起來。

從此，他的超市「跑」向全美國，進而發展到世界各地。每個超市在當地扎下根後，再採用「守」的方法經營起來，進而成為行業標竿。由於各地連鎖超市的形成，他自然成了董事會首席執行長。他，就是今天家喻戶曉的沃爾瑪零售帝國的創造者——薩姆•沃爾頓。

與此同時，當年他的那個朋友也賺了些錢，只不過，他還是喜歡四處奔跑尋找商機。十多年來，他在國內外開了許多小公司，做著跨行業的生意。為了照顧他的生意，他每天不是在飛機上，就是在去飛機場的路上。但即使這樣，又一個十年後，他還是面臨破產的邊緣。為了獲得周轉資金，他向薩姆•沃爾頓求助，薩姆•沃爾頓答應了他，決定借給他一筆資金。

到了約定見面的那天，他早早地來到薩姆•沃爾頓辦公室，卻發現薩姆•沃爾頓正在超市外面爬上爬下、滿頭大汗地修理汽車。原來，一個客戶來這兒買了許多東西，汽車卻拋錨了。薩姆•沃爾頓恰好路過這兒，他開過汽車，對修理很在行，於是操起工具替那位顧客修起車來。

半個小時之後，汽車修好了。薩姆•沃爾頓這才和朋友一起向他辦公室走去。朋友不可思議地問他：「你身為董事長，怎麼還要幫人修車呢？」他卻輕鬆地回答道：「做生意不僅要『守』、要『跑』，還要『穩』，要把客戶穩住，讓他們下次願意再來這兒買東西。我敢保證，剛才那個顧客過不了幾天還會來的。」

朋友又問：「老兄，我一直很不理解，我成天奔波在各地，和你一樣勤奮。可現在，你擁有超過百億美元的財富，而我卻徒有虛名。我們們一同創業，為什麼差距這麼大？」

薩姆‧沃爾頓想了想，說：「當年剛開始做生意的時候，我讀過這樣一本書，說的是保險推銷員費利的故事。按說，推銷員應該每天衝鋒在外，跑的地方越多越好。可是，費利卻不這樣做。他給自己定的業務範圍是距自家二十公里以內，在這個範圍內，專心致志把業務做精、做好。結果證明，相比那些從這個城市推銷到另外一個城市、不停奔跑的推銷員，費利賣出去的保險是最多的。後來，由於他的業績做得最好，就成了保險公司經理。」

薩姆‧沃爾頓停了停，又接著說：「費利的故事給了我很大啟發：財富在哪兒？財富就在身邊。這就是我不出去盲目亂跑的原因。我想，在生意還未做大之前，先守住一方領域再說，我只要一心一意做好我的沃爾瑪，就能發財。」

是的，如果把注意力放在自己身邊，透過「守」、「跑」、「穩」，或許就抓住了財富的泉源。

哲理感悟

在做生意的時候，要把精力放在自己的身邊，透過「守」、「跑」、「穩」，這樣獲得財富的機率就會大增。

2.「錯」出來的成功

一八七六年，一位二十來歲的年輕人隻身來到芝加哥，他既沒有高學歷，也沒有特長，但為了生存，只好幫一家商店賣起了肥皂。後來，他發現發酵粉利潤高，便立即投入所有資本購進了一批發酵粉。結果他發現自己犯了一個錯誤：當地做發酵粉生意的遠比賣肥皂的多，自己根本不是他們的對手。

眼見著發酵粉若不及時處置，損失巨大，年輕人一咬牙，決定將錯就錯，索性將僅有的兩大箱口香糖貢獻出來，買一包發酵粉，可獲贈兩包口香糖。很快，他手中的發酵粉處理一空。

後來，他覺得口香糖發展前景比發酵粉好，就再次籌集起所有家當，全部押在口香糖上了。行銷過程中，他積極聽取顧客的意見，配合廠家改良口香糖的包裝和口味，後來他感覺這種配合局限性很大，索性傾其所有，自己辦起了口香糖廠。一八八三年，他的「箭牌」口香糖面世。但當時，市場上口香糖已有十多個種類，人們對這新產品接受的速度非常慢，他又陷入了困境。這時，他想了一個更冒險的招數：蒐集全美各地的電話簿，然後按照上面的地址，給每人寄去四塊口香糖和一份意見表。

這些鋪天蓋地的信和口香糖幾乎耗光了年輕人的全部家當，同時，也幾乎在一夜之間，

「箭牌」口香糖迅速風靡全國。一九二〇年，「箭牌」已達到年銷售量九十億塊，成為當時世界上最大的行銷單一產品的公司！

這位慣於「錯中求勝」的年輕人，就是「箭牌」口香糖的創始人威廉•瑞格理。到今天，「箭牌」口香糖也已成為年銷售額逾五十億美元的跨國集團公司。

哲理感悟

有的時候做錯事情並不可怕，只要自己及時發現，並找到做錯事情的原因及解決問題的辦法，這樣才能從失敗的地方站起來，找到突破口去獲得更大地成功。

3. 吃虧是福

據說有個砂石廠老闆，沒有高學歷，也絕對沒有背景，但生意卻出奇的好，而且歷經多年，長盛不衰。說起來他的祕訣也很簡單，就是與每個合作者分利的時候，他都只拿小利，把大利讓給對方。

如此一來，凡是與他合作過一次的人，都願意與他繼續合作，而且還會介紹一些朋友，再擴大到朋友的朋友，也都成了他的客戶。人人都說他好，因為他只拿小利，但所有人的小利集中起來，就成了最大的大利，他才是真正的贏家。

吃虧是福，因為人都有趨利的本性，你吃點虧，讓別人得利，就能獲得別人最大的積極力，使你的事業興旺發達。

但現實生活中，能夠主動吃虧的人實在太少，這並不僅僅因為人性的弱點，很難拒絕擺在面前本來就該你拿的那一份，也不僅僅因為大多數人缺乏高瞻遠矚的眼光，不能捨眼前小利而爭取長遠大利。能不能主動吃虧，實在還和實力有關，因為吃虧以後利潤畢竟少了，而開支依然存在，就很可能出現虧空，如果你所吃的虧能夠很快獲得報答那還挺得住，反之，吃虧就等於放血，對體弱多病的人來說，可能致命。

大量的銷售才能保證大量的現金流，而大量銷售的祕訣就是讓利。強者恆強，很多時候就因為強者有吃虧的本錢；而弱者，就算想吃虧也吃不起，所以弱者的生存，實在是更難。

吃虧是福，在做生意的時候，當消費者對你的商品感到陌生，並不接受的時候，這時不妨吃一些小虧，無償為他們提供或免費贈送，當他們接受的時候，在佔領這個市場，不失為一個好的策略。但是，吃虧也是有技巧的，會吃虧的人，虧吃在明處，便宜佔在暗處，讓你被佔了便宜還感激不盡，這也是經商的智慧。

哲理感悟

吃虧是福，因為人都有趨利的本性，你吃點虧，讓別人得利，就能獲得別人最大的積極力，使你的事業興旺發達。

4. 故意吃虧不是虧

有時看似一件很吃虧的事，往往會變成非常有利的事。

東漢時期，有一個名叫甄宇的在朝官吏，時任太學博士。他為人忠厚，遇事謙讓。

有一次，皇上把一群外藩進貢的活羊賜給了在朝的官吏，要他們每人得一隻。

在分配活羊時，負責分羊的官吏非常煩惱：這群羊大小不一，肥瘦不均，怎麼分群臣才沒有異議呢？

這時，大臣們紛紛獻計獻策：

有人說：「把羊全部殺掉吧！然後肥瘦搭配，每人平均一份。」

也有人說：「乾脆抓鬮分羊，好不好全憑運氣。」

就在大家七嘴八舌爭論不休時，甄宇站出來了，他說：「分隻羊不是很簡單嗎？依我看，大家隨便牽一隻羊走不就可以了嗎？」說著，他就牽了一隻最瘦小的羊走了。

看到甄宇牽了最瘦小的羊走，其他的大臣也不好意思專牽最肥壯的羊，於是，大家都撿最小的羊牽，很快，羊都被牽光了，每個人都沒有怨言。

後來，這事傳到了光武帝耳中，甄宇因此得了「瘦羊博士」的美譽，稱誦朝野。不久，在群臣的推舉下，甄宇又被朝廷提拔為太學博士院院長。

從表面上看，甄宇牽走了小羊吃了虧，但是，他卻得到了群臣的擁戴、皇上的器重。實際上，甄宇是得了大便宜。故意吃虧不是虧，而是有著深謀遠慮的精明之舉。吃小虧佔大便宜，古今亦然。

精明的商人就深深懂得其中的利害關係，因此，在他們看來，以「吃虧」贏取聲譽其實是一種有利之舉。

有一家機電設備公司的劉老闆，有一次，一個老客戶來買電器配件，遺憾的是，劉老闆找遍了公司的庫存，就是沒有這個配件。但是，這位客戶著急得很，因為拿不到這個配件，他所在的企業就面臨停工，而停工一天的損失將達五萬多元。

看到客戶如此著急，劉老闆一邊安慰，一邊承諾一定在一天之內把貨找到。

客戶剛走，劉老闆便親自出馬打給供貨方。誰知，那邊也沒貨了。折騰一番，結果，在連續聯繫了十幾個廠家後，終於讓他找到了這個電器配件。雖然相當遠，他還是趕緊搭飛機親自去取。拿到電器配件後，他又火速趕回，連休息的時間都沒有。

第二天，當他把貨交到客戶手中時，客戶感動得無法言語。

但是，這次生意對於劉老闆來說，卻是一樁賠本的生意。因為一個配件才三百元，利潤也就只有三十元，但是，劉老闆卻付出了三千多元的交通費。

當然，從表面上來看，劉老闆虧了好幾千元，但是，他卻得到了客戶的信任。客戶到處宣傳他這種一心想著客戶的事蹟。就這樣，劉老闆吃虧待客戶的消息在業內廣泛流傳，劉老闆生意自然是越來越好，得到的財富自然比區區幾千元的損失要多得多。

華人首富李嘉誠說：「有時看似一件很吃虧的事，往往會變成非常有利的事。」

商業俗語也說：「釣魚需長線，有賠也有賺」。對於生意場上的得失，一定要站得高，看得遠，千萬不要「只見錐刀末，不見鑿頭方」，只顧一時的利益，從而失去長遠的利益。

有人說，世界上有三種人完全不肯吃虧：一種人肚量太差，吃了虧就想不開，好像被剜了肉一樣；一種人火氣太大，吃了虧就要雙腳跳，輕則破口大罵，重則大打出手；還有一種人心眼太小，吃了虧就要睚眥必報，常常讓別人怨聲載道，讓自己因小失大。

事實上，如果你能夠平心靜氣地對待吃虧，表現自己的肚量，往往能夠獲得他人的青睞，獲得經商所需要的人脈資源，從而獲得商業上的成功。

世界上沒有白吃的虧，有付出必然有回報，生活中有太多的這種事情，如果過於斤斤計較，往往得不到他人的支持。只有敞開胸懷，從長遠的角度思考問題，那麼吃虧實際上也是一種投資，吃虧就是福呀！

哲理感悟

在做生意的時候，當消費者對你的商品感到陌生，並不接受的時候，這時不妨吃一些小虧，無償為他們提供或免費贈送，當他們接受的時候，再佔領這個市場，不失為一個好的策略。

5. 做生意的不二法門

一百貨商店的老闆是個半文盲，卻經營有方，在人精成堆的生意場上，竟然打敗了眾多的競爭對手，生意特別興隆。有人問他：「你的經營祕訣是什麼？」他笑著說：「不字加一點，一人一塊田，家家日子好，人人笑連連。」

原來他說的是一個「福」字，他解釋說：「福就是吃虧，我寧願少賺點錢，也絕不讓顧客吃虧。在我這兒買東西，百挑不厭，包退包修，上門服務，負責到底，上門購物的人自然就絡繹不絕了。也許，在某些商品上，我少賺了或者虧了本，但從長期、總體看，我肯定能賺錢，而且還能長長久久。所以吃虧不一定是壞事，我就肯吃虧，心甘情願地吃虧。」

「吃虧是福」並不是簡單的阿Q精神，而是福禍相依、付出與得到的人生哲學，無論是為人、處世，還是做生意，吃點虧、肯吃虧都是其不二法門。

人都有趨利的本性，自己吃點虧，讓別人得利，就能獲得別人最大的積極力，使自己廣結良緣。中國人有「滴水之恩，湧泉相報」的傳統美德，凡事都願意吃點虧來幫助他人、奉獻於社會，在日後肯定會得到同樣的回報。

害怕吃虧的人，最後往往都難以佔到便宜。因為哪個老闆不精明？周圍人的眼睛也是雪亮的。想一想，如果你時時事事都怕吃虧，都想著佔便宜，而便宜往往只有一個。便宜都讓你佔了，誰還和你共處呢！成了孤家寡人還去佔誰的便宜啊！

「一個人心胸有多大，他做成的事業就有多大。」凡那些獲得了巨大成就者，無一不是胸懷廣、肯吃虧的人。相反，那些一事無成、庸庸碌碌的人，多半是心胸狹窄、斤斤計較、不肯吃虧的傢伙。這難道還不足以證明吃虧是福嗎？

砂糖是甜的，精鹽是鹹的。它們是味道的兩極，互為正反，如果想要使事物嘗起來是甜的，只要加點糖就夠了。然而事實上若我們再加上些鹽，反而更能增強砂糖的甜度與味道。這是因為調和了互為正反的兩種味道而產生的一種新鮮滋味，這個造物主絕妙的安排也說明白一個道理：吃虧肯定不是壞事。

哲理感悟

害怕吃虧的人，最後往往都難以佔到便宜。因為哪個老闆不精明？周圍人的眼睛也是雪亮的。想一想，如果你時時事事都怕吃虧，都想著佔便宜，而便宜往往只有一個。便宜都讓你佔了，誰還和你共處呢！成了孤家寡人還去佔誰的便宜啊！

6. 先捨後得的生意經

捨得捨得，先捨後得。

日本頭號富翁武井保雄就是捨得哲學的最高典範。武井當過米販、彈子房店員、國鐵職工，透過多年放款的「高利貸」生涯，創造了「武富士」這個日本最大的「高利貸王國」。

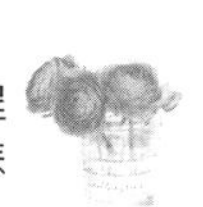

在一九八三年大藏省發出消費者金融的通知後他們更成了合法美名的「消費者金融事業」。

他捨得鋪天蓋地般在日本各車站送「武富士」廣告手巾紙，捨得鋪天蓋地般在高樓大廈頂上打出光彩奪目的霓虹燈看板，捨得開辦一千二百個營業店鋪，遍布日本列島，捨得大量買賣股票，其家族則持有日益上漲的武富士會社三分之一以上的股票……因此，在美國《富比士》雜誌公布的全球富翁排行榜上，武井保雄以九千三百億日元的身價獲得全球第三十位、日本第一位的寶座。

曾有一位日本的裱畫工人，他兢兢業業做了四十多年，頭髮也掉光了，可是還沒有找老婆，原因是捨不得花錢，問他去過海外旅行沒有，他說怕坐飛機掉下來，捨不得命。著實令人驚歎，這真是不捨不得的典型。

看來敢來日本留學者都有捨得性命坐飛機的一面，也是懂得捨命來求才發財哲學的人。

一位成功商人得意時說過這樣一句話：「不必在意別人是否喜歡你，公平待你，不要奢望每個人都會等待你。」所以，為了自己的理想，該捨就捨吧！

哲理感悟

捨得是對立統一的，沒有捨無所謂得，同時沒有得無所謂捨。因此，要想得到什麼，首先要捨去一些利益。

7. 吃小虧佔大便宜

在八、九十年前，香菸在中國還是個新鮮玩意兒。那時候，中國人都習慣於吸旱煙和水煙。就在這個時候，上海突然出現了一種奇怪的菸，雖然它和水煙、旱煙一樣吸，不過不是用銅的水煙袋或竹的旱煙桿吸，而是用白紙將菸絲捲成細長的小棒，這就是現在的香菸。

在帝國主義列強強迫清政府簽訂了《大開通商口岸》的不平等條約後，一些外國人頭戴高帽子，肩上背著紙盒子，手裡拿著西洋看板，不時在上海的交通要道，茶園、酒肆、戲院等公共場所出現。他們走到人多的地方，便伸手從背著的紙盒裡掏出一只小盒子拆開，抽出一支支雪白的長棒，往人的嘴裡送。當人覺得驚奇不肯接受時，他們便自己銜上一支，點上火、吸給人們看。等一股股的白煙從他們的嘴邊消散，他們就呵呵地笑著，操著蹩腳的中國話喊：「好東西，香菸！送給你們的……」隨著叫聲他們又抓起小盒子、往人堆裡拋。

這些洋人為什麼要到處送香菸呢？原來，他們是美國菸草公司和英國菸草公司派到中國來的推銷員。這些推銷員剛踏進中國領土的時候，很想把他們從國外帶來的香菸賣給中國人，可是當時的中國人不習慣吸這種菸，誰也不理睬他們。於是，他們就想到了這個「吃小虧佔大便宜」的辦法，先來個「免費贈送」。過了一段時間，他們見中國人漸漸地學會了吸香菸，就開始在市場上大量推銷。到二十世紀初，他們在上海浦東陸家咀辦了菸廠，並合

夥開設起英美菸草公司，最後達到壟斷香菸市場的目的。

哲理感悟

當你的新產品要打開某一市場時，重要的是要獲得當地居民的認同，改變他們的某些消費觀念，無償為他們提供產品試用或大膽贈送，不失為一個較好的策略，雖然會損失一點利益，但你得來的將是一個巨大的市場，帶來更大的利潤。

第八章

在取得之前，要先學會付出。

以寬容的心態做人，以平和的心態處事，要想收穫果實，就要先付出努力。付出是一種快樂，收穫是一種幸福。

1.在取得之前，要先學會付出

一個人在沙漠行走了兩天。途中遇到暴風沙。一陣狂沙吹過之後，他已認不得正確的方向。正當快撐不住時，突然，他發現了一幢廢棄的小屋。他拖著疲憊的身子走進了屋內。這是一間不通風的小屋子，裡面堆了一些枯朽的木材。他幾近絕望地走到屋角，卻意外地發現了一座抽水機。

他興奮地上前汲水，卻任憑他怎麼抽水，也抽不出半滴來。他頹然坐地，卻看見抽水機旁，有一個用軟木塞，堵住瓶口的小瓶子，瓶上貼了一張泛黃的紙條，紙條上寫著：你必須用水灌入抽水機才能引水！不要忘了，在你離開前，請再將水裝滿！他拔開瓶塞，發現瓶子裡，果然裝滿了水！

他的內心，此時開始交戰著。

如果自私點，只要將瓶子裡的水喝掉，他就不會渴死，就能活著走出這間屋子！

如果照紙條做，把瓶子裡唯一的水，倒入抽水機內，萬一水一去不回，他就會渴死在這地方了，到底要不要冒險？

最後，他決定把瓶子裡唯一的水，全部灌入看起來破舊不堪的抽水機裡，以顫抖的手開始用力汲水，水真的大量湧了出來！

他將水喝足後，把瓶子裝滿水，用軟木塞封好，然後在原來那張紙條後面，又加上了他自己的話：相信我，真的有用。在取得之前，要先學會付出。

哲理感悟

有付出才有回報，因此，在取得之前，先要學會付出。

2. 指責他人不如檢討自己

有的人只相信自己，不相信別人，讓人避而遠之；有的人總喜歡嚴厲地責備他人，使對方產生怨恨，不知不覺中彼此的溝通變得難以進行，事情也辦得一團糟。其實，只有不夠聰明的人才批評、指責和抱怨別人。

檢討一下我們自己，我們是不是也有這種喜歡責備別人的毛病？計畫好的交代的工作沒有做好，我們很可能不是積極地去與下屬尋找原因，研究對策，而是指責下屬：「你怎麼做的？怎麼這麼笨？」這時，你有沒有想過下屬會有什麼反應？他可能什麼也不說，但在內心卻會覺得你不近人情，從而怨恨你。這樣，你今後就很可能在與他相處時，總感到彆扭，

這樣要取得效益就不是順利的事情了。

有這樣一個幽默故事：

這天丈夫回到家，發現屋裡亂七八糟，到處是亂扔的玩具和衣服，廚房裡堆滿碗碟，桌上都是灰塵……

他覺得很奇怪，就問妻子：「發生什麼事了？」妻子回答：「平日你一回到家，就皺著眉頭對我說：『一整天你都做什麼了』，所以今天我就什麼都沒做。」

好指責他人不是一種好習慣，不僅傷害別人，也傷害自己，別人不舒服，你也不會舒服。

有一個比較極端的例子：

《三國演義》裡，張飛聞知關羽被東吳所害，下令軍中，限三日內置辦白旗白甲，三軍掛孝伐吳。次日，帳下的范疆、張達報告張飛，三日內辦妥白旗白甲有困難，須寬限幾日方可。張飛大怒，讓武士將二人綁在樹上，各鞭五十，打得二人滿口出血。鞭畢，張飛手指二人：「到時一定要做完，不然，就殺你二人示眾。」范疆、張達受此刑責，心生仇恨，便於當夜趁張飛大醉在床，以短刀刺入張飛腹中。張飛大叫一聲就沒命了，時年僅五十五歲。

不過，並非人人都像張飛那樣，也有一件這樣的事情。

一八六三年七月，蓋茲堡戰役展開。敵方陷入了絕境，林肯命令米地將軍立刻出擊敵軍。但米地將軍遲疑不決，用盡了各種藉口，拒絕出戰，結果敵軍輕易逃跑了。林肯勃然大怒，他坐下來給米地將軍寫了一封信，表達了他的極端不滿。但出乎意料的是，這封信林肯並沒有寄出去。

在他死後，人們才在一堆文件中發現了這封信。也許林肯設身處地地想米地將軍當時為什麼沒有執行命令，也許他想到了米地將軍見到信後可能產生的反應，米地可能會與林肯辯論，也可能會在氣憤之下離開軍隊。木已成舟，把信寄出，除了使自己一時痛快以外，還有什麼作用呢？

不要指責他人，並不是說放棄必要的批評。這裡的原則是要抱著尊重他人的態度，以對方能夠接受的方式來批評。

有一家工廠的老闆，這天巡視廠區，看到有幾個工人在庫房吸菸，而庫房是禁止吸菸的。他沒有馬上怒氣沖沖地對工人說：「你們難道不識字嗎？沒有看見禁止吸菸的牌子嗎？」而是稍停了一下，掏出自己的菸盒，拿出菸給工人們，並說道：「請嚐嚐我的

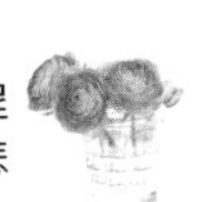

菸，不過，如果你們能到屋子外去抽的話，我會非常感謝的。」工人們則不好意思地掐滅了手中的菸。

在許多情況下，我們喜歡責備他人，常常是為了表現自己的高明。有時，也有推卸責任的目的。古人講「但責己，不責人」，就是要我們謙虛一些，嚴格要求自己一些，這對自己只有好處，絕無壞處。

在你想責備別人的種種不是時，請馬上閉自己的嘴，對自己說：「看，壞毛病又來了！」這樣，你就可以逐漸改掉喜歡責備人的壞習慣。

尖銳的批評和攻擊，所得到的效果都是零。批評就像家鴿，最後總是飛回家裡。當你想指責或糾正你的對象時，他們會為自己辯解，甚至反過來攻擊你。成功的經驗告訴我們：學會寬容和尊重，才能更好地與人相處。

哲理感悟

在你想責備別人的種種不是時，請馬上閉自己的嘴，對自己說：「看，壞毛病又來了！」這樣，你就可以逐漸改掉喜歡責備人的壞習慣。

3. 善意的欺騙

羅傑・羅爾斯是紐約州第五十三任州長，也是紐約歷史上的首位黑人州長。他出生於一個環境骯髒，充滿暴力的貧民窟，孩子們從小耳濡目染，翹課、打架、偷竊甚至吸毒，長大後極少有人獲得較好的職業。然而羅傑・羅爾斯例外。這得感謝他小學的一位校長——皮爾・保羅。

皮爾・保羅想過很多辦法來引導這群孩子，卻沒一個有效。後來他發現孩子們很迷信，上課時就多了一項內容——給學生看手相。當羅爾斯從窗台上跳下，伸著小手走近講台時，皮爾・保羅說：「我一看你修長的小拇指就知道，將來你會是紐約州州長。」

皮爾・保羅是一個認真負責的老師，為了這群孩子，他絞盡腦汁，最後居然想出看手相的法子，真是高明。而且他善於了解孩子，知道他們最喜歡什麼，最熱中什麼，一針見血地教育他們，收到了事半功倍的效果。最值得讚揚和學習的是：面對比海明威「迷惘的一代」還要無所事事、不與老師合作、曠課、鬥毆甚至處處搞破壞的孩子，他從不輕言放棄，在想盡辦法之後，依然關心他們，了解他們，用他那鼓勵的話語激勵他們。

「你將來會是紐約州的州長」，他的這句話讓羅爾斯大吃一驚，因為長這麼大，只有奶奶使他振奮過，說他可以成為五噸重的小船的船長。這一次校長先生竟然說他可以

成為紐約州的州長，著實出乎他的預料。他記下了這句話，相信了這句話。從那天起，「紐約州州長」就像一面旗幟，在以後的四十多年間，他沒有一天不按州長的身分要求自己，於是在他五十一歲那年，他真的成了州長。

試想，假如沒有這位校長的這句話，羅爾斯也許就成了流氓地痞，更別提什麼州長。假如他碰到的不是皮爾•保羅，而是一個普通的老師，想不出那麼好的教導方法，只是一味地抱怨這批孩子教不好，嘗試各種手段都無濟於事後就放棄，那羅爾斯的人生將完全不同。

如果說人類本質中最殷切的需求就是渴望被肯定，不用高昂的物質去獎勵，有時一個真心誠意的舉動或讚美，都會讓他人心中充滿暖意。「好風憑藉力，送我上青雲」，願所有教師的嘴裡都能多吹吹這股好風、暖風。我們強勁的風力，就是孩子們強大的動力，就是他們堅定不移的信念。也許你要問：信念值多少錢？信念不值錢，它甚至是一個善意的欺騙，然而一旦堅持下去，它就會迅速升值。但願我們留給孩子們的是比金錢更寶貴的東西。

哲理感悟

如果說人類的本質中最殷切的需求就是渴望被肯定，不用高昂的物質去獎勵，有時候一個真心誠意的舉動或者一分鐘的讚美，都會讓他人心中充滿暖意。

4. 像蟑螂一樣活著

因為人的一生當中絕對會有碰上不如意的時候，這些不如意有很多種，例如：生意失敗、失戀、人事鬥爭落敗、被羞辱、工作不順、家道中落……而依各人承受程度的不同，這些不如意也會對各人形成不同的壓力與打擊，有人根本不在乎，認為這只是人生中必然會碰到的事；有人則很快就可以掙脫沮喪，重新出發；但有些人只被輕輕一擊就倒地不起。

不管你遭到的不如意程度如何，只要你在主觀感受上已到了沮喪、消極、痛苦，幾乎要毀滅的地步，那麼告訴你的就是：要像蟑螂一樣地活著！

蟑螂是牆縫裡可活、壁櫥裡可活、陰溝裡也可活的昆蟲，當你遇到不如意的事情，無論是客觀環境還是主觀的感受，不就有如在牆縫裡、壁櫥裡、陰溝裡？如果你因為過著這樣陰暗、充滿人性髒臭與恥辱的日子而灰心喪志，失去生活下去的勇氣，那麼你連一隻蟑螂都不如！恐龍已經絕跡，蟑螂卻仍在世上生存，只因為活下來了，所以你也要在最黑暗的時刻，最卑賤的時刻，最痛苦的時刻，屈辱地活下來！像一隻蟑螂那般活下來！

也就是說，在這種時候，你不要去計較面子、身分、地位，也不要急著出頭，這種日子很容易讓人沉不住氣，但只要沉得住氣，只要「存在」，就有希望，就有機會！這不是安慰你，而是事實本就如此，你看看，恐龍如今安在？

如果你能像蟑螂一樣地活下來，必然會有一些收穫。重新出頭的那一天，你會得到更多的尊敬，因為人雖然屈服於強者之下，但打不死的勇者卻有更強的號召力和感染力！有過蟑螂般的生活經驗，便不怕他日橫逆之來；換句話說，對不如意事更能悠然面對，能屈能伸；陰暗的日子能過，風雨的日子能過，人到了這種地步，還有什麼事能為難他的？

所以，去向蟑螂學習吧！

哲理感悟

不管你遭到的不如意程度如何，只要你在主觀感受上已到了沮喪、消極、痛苦，幾乎要毀滅的地步，那麼你應該：要像蟑螂一樣地活著！

5. 別為小事計較

教育家戴爾是處理人際關係的老手，然而早年時，也曾犯過小的錯誤。在他的回憶中這樣描述：

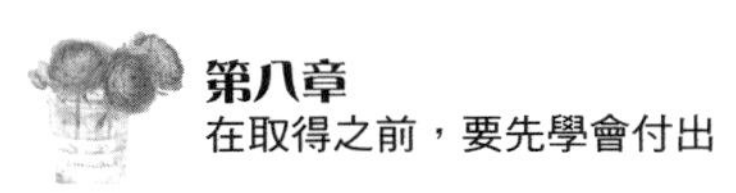

有一天晚上，他去參加一個宴會，宴會中，坐在他右邊的一位先生講了一段幽默故事，並引用了一句話，意思是「謀事在人，成事在天」，並提到，他所引用的那句話出自《聖經》。他錯了，戴爾知道，戴爾很肯定地知道出處，一點疑問也沒有。為了表現優越感，戴爾很白目地糾正他。那位先生立刻反唇相譏：「什麼？出自莎士比亞？不可能！絕對不可能！」那位先生一時下不來台，不禁有些惱怒。

當時戴爾的老朋友法蘭克坐在他身邊。這位老朋友研究莎士比亞的著作已有多年，於是戴爾就向他求證。法蘭克在桌下踢了他一腳，然後說：「戴爾，你錯了，這位先生是對的。這句話是出自《聖經》。」

那晚回家的路上，戴爾對法蘭克說：「法蘭克，你明明知道這句話出自莎士比亞。」「是的，當然。」他回答：「可是親愛的戴爾，我們是宴會上的客人，為什麼要證明他錯了？那樣會使他喜歡你嗎？他並沒有徵求你的意見，為什麼不保留他的臉面？」

做人不能太計較，得理不饒人。太認真了，就會對什麼都看不慣，連一個朋友都容不下，會把自己與社會隔絕開。

做人要有心計，要能容人所不能容，忍人所不能忍，團結大多數人。豁達而不拘小節，大處著眼而不會目光如豆，不斤斤計較，糾纏於非原則的瑣事，這樣才能成大事、立大業，使自己成為不平凡的人。

哲理感悟

一些無關緊要的小錯誤，放過去，無傷大局，那就沒有必要去糾正。這樣不但能保全對方的面子，維持正常的談話氣氛，還能使你有意外的收穫，在對方和在場的人的心目中建立起良好的印象。

6. 別吝嗇自己的微笑

微笑，會帶給人快樂，帶給人自信，帶給人勇氣。把微笑送給別人，自然你就給予了別人幸福的剎那。把微笑送給自己，自然你也給了自己一份好心情。在忙碌的生活中，我們不但要送一份微笑給他人，更要留一個微笑給自己。

收藏微笑，為自己擦洗傷痛。失敗與挫折，僅僅是記憶中的一個音符，它只會使我們更加成熟。失敗時送自己一個微笑，才是人生的精彩。

別吝嗇對自己微笑，不要讓心情沮喪。缺少好心情這一精神資源，物質上再富有也是「外強中乾」。要學會過濾自己的心境，善於給心情放假。繁忙的節奏，也許會讓我們的笑聲帶有幾分酸澀，但及時清掃心靈的倉庫，顯得尤為重要。把昔日的煩惱統統丟進垃圾箱，騰出心靈的空間來存放更多的快樂，那才別有一番風味！巨石無法壓跨的身軀，有時會被歎息擰折。

別吝嗇對自己微笑，給自己一份從容，一份坦然。面對爭芳鬥豔的鮮花，去欣賞但不會陶醉，面對侵襲的風雨，去應對但不會逃避。既然奔忙的腳步無法停止，那就掌控腳步的節奏吧。無論風雨彩虹，帶上微笑，勇敢面對，開闢希望之路，迎接最美的鏗鏘玫瑰，這才是人生的魅力；有了成功，給自己一個微笑，不驕不躁，在勝利的喜悅裡，坦然前行，讓生命的腳步多幾分穩健，這更是人生的可貴。

別吝嗇對自己微笑，微笑裡你會領悟：痛苦一次，對快樂的理解就會更具體一次；失敗一次，對成功的認識就會更深刻一次；受挫一次，對順利的感覺就會更清楚一次；失誤一次，對認真的意義就會更明白一次。

別吝嗇對自己微笑，讓心情變得暢快，讓心胸變得開闊，讓生活變得溫馨，讓自己變得陽光，讓一生鳥語花香、光彩照人！

哲理感悟

微笑能帶給別人快樂、自信、勇氣；微笑能使自己變得暢快，讓自己的心胸變得開闊，讓生活便得充滿陽光。因此，不要吝嗇自己的微笑。

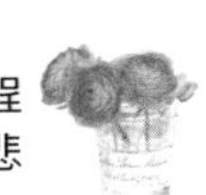

7. 大膽說出你的讚美

一位母親給我們講了這樣一個發人深省的故事：

一天夜裡，颳起了兇猛的颱風。由於風勢的猛烈，整個市區都停了電，陷入一片漆黑之中，而就在這天晚上臨睡之前，女兒光著小腳丫舉著一支蠟燭來到母親的床前，說：「媽媽，我最喜歡的就是颱風。」

「寶貝，你為什麼喜歡颱風？難道你不知道嗎，每颳一次大風，就會有很多屋頂被掀跑，很多地方被淹水，鐵路被沖斷？而你卻說喜歡颱風？」母親好奇地問。

「因為有一次颱風來的時候停電……」

「你是說你喜歡停電？」

「停電的時候就可以點蠟燭。」

「蠟燭有什麼特別的？」母親繼續好奇地問。

「我拿著蠟燭在屋裡走來走去，你說我看起來很像天使……」

聽了女兒的解釋，母親終於在驚訝中肅穆下來。「以她的年齡，她對天使是什麼不甚了解，她喜歡的是我那夜稱讚她時鄭重而寵愛的語氣。」

是的，這就是讚美的力量。在日常生活中，我們很多時候能碰到這樣的事情，一句不經意的讚賞，會使時光和周圍環境都變得值得追憶起來，而且會使我們自覺不自覺地按照話中的方向努力去做，創造出一個奇蹟。

著名女作家在《改變一生的一句話》一書中寫到：

下課鈴一響，大家紛紛站起，擠向門口，我走過講台往門口走時，趙老師說：你到我辦公室來一下。我跟在她身後，心裡七上八下，不知道自己闖了什麼禍，在所有的老師中，趙淑芬是我最崇拜的，那時她大約二十七八歲，身材修長，一張瓜子臉。雙瞳如剪，語調和婉，生氣時，自己的頰先飛紅起來，我們都不怕她，但對她敬愛異常，她是我們初二的國文老師。跟她來到辦公室，她坐下，把我叫到她跟前，雙眼牢牢地看住我說：「好好用功，將來你可以做個好作家。」說著，把手裡我的作文《冬天裡的太陽》揚了揚說：「寫得實在好，明天我去貼在布告欄上。」

我鞠了躬，退出來，她還囑咐了一句：「記住今天的話哦！」

那年我十四歲，四十四年來，我從來沒忘記過她的話。

我們都知道，渴望受人稱讚，是人類最微妙的本質，哪怕只是簡單的一句話，都會令對方感到無比的溫馨。

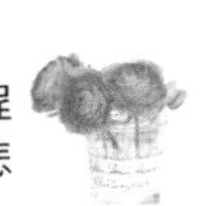

查理・斯瓦伯說：「我相信獎勵是使人工作的原動力，所以，我喜歡讚美而從不批評別人。」

讚美是對一個人潛意識的認可，同時也是給別人面對人生的最大鼓勵，別忘了多對你周圍的人說：「真漂亮！真棒！」

哲理感悟

讚美就是一種力量。在生活中，少一句抱怨，多一聲讚美，也許這一句不經意的讚美，會使時光和周圍環境都變得令人追憶一生，也許會使一個人自覺不自覺地按照這句話的方向努力去做，去創造一個新的奇蹟。

8. 博愛的力量

一個富翁憂心忡忡地來到教堂請教牧師。他說：「我雖然有了金錢，但並不感到幸福，我甚至不知道該用自己的金錢做些什麼？它能買來歡樂和幸福嗎？」牧師讓他站在窗前往外，問他在街上看到了什麼，富翁說：「來來往往的人群，多麼美妙啊！」

牧師又把一面很大的鏡子放在他面前，問他看到了什麼。他說：「我看到了我自己，我很沉悶。」牧師道：「是啊！窗戶和鏡子都是玻璃製作的，不同的是鏡子上鍍了一層銀粉，單純的玻璃讓你看到了別人，也看到了美麗的世界，沒有什麼可阻攔你的視線，而鍍上銀粉的玻璃只能讓你看到你自己，是金錢阻攔了你心靈的眼睛，你守著你的財富，卻忘記了博愛，像守著一個封閉的世界。」

富翁得到啟示，就盡可能的去資助那些困難的人，把自己的博愛帶給他們，而得到幫助的人則用無盡的感激和祝福報答他，富翁從中不斷的得到歡樂，心情也變得開朗了。

我們應該明白，如果我們希望使人們生活得更好更幸福，那麼就必須求助於一種更偉大、更仁慈的力量，博愛的力量！愛默生說：「博愛將給這個可怕的舊世界一張新面孔，我們像一個陌生的敵人在這個世界裡已經生活得太久了。」

博愛不僅是一種社會倫理，它還是一種讓你人生更快樂的法則。只有博愛的人，才能胸襟開闊，真正做到待人熱情、友善，樂於助人，才能在人際交往中永遠立於不敗之地。

古代有一個叫巴希爾的修士，因為觸犯教皇被逐出教會。他死後，一個天使專門負責在地獄等他，因為他受過處罰，只能在那裡為他找一個合適的位置。可是，這個修士性情溫和，充滿博愛之心，他的語言很能打動別人，所以他無論到哪裡，都有一大群朋

友。即使是曾犯錯的天使，認識他後也會改過從善。那些完美無瑕的天使更會慕名而來與他交往。他被發落到地獄的底層，可是，他去了以後，那裡又出現了同樣的情形。他天生的道德修養和博愛，使任何力量都無法抗拒他，地獄也因為他的到來而變成了天堂。

結果是那個負責接待修士的天使又回來找他，告訴他說，實在找不到一個可以懲罰他的地方，什麼都改變不了他，他還是那個神智清楚的巴希爾。最後只好宣布取消對他的處分，讓他進了天堂，並封他做了聖徒。巴希爾是一個多麼有執著愛心的人，他用他的愛心去感染所處的環境，並不因為環境的改變而忘記了自己善良的天性和博愛之心。

獻出你的愛心，你也同樣會得到愛的回報，我們都渴望使我們的生活更加美好，如果，大家都用愛心去澆灌這個世界，那麼，地球就是一個天堂，我們都是聖徒。

是的，如果你是真心地希望世界成為天堂，那麼，沒有什麼可以阻止你的愛心。

哲理感悟

博愛不僅是一種社會倫理，更重要的，它還是一種讓你人生更快樂的法則。只有博愛的人，才能胸襟開闊，才能真正做到待人熱情、友善，樂於助人，才能在人際交往中永遠立於不敗之地。

第九章

清理人生，獲得快樂，讓幸福成為一種習慣。

追求美好的生活，享受生活的幸福。拋開名韁利鎖的束縛，釋放內心的焦躁，磨練意志，擴展心胸，超越自我，任風來浪湧，潮起潮落，我心泰然。

1. 快樂需要自己尋找

自從潘朵拉的魔匣打開以後，煩惱、疾病、痛苦……就全部降臨人間。我們哪一個人也不是生活在世外桃源，於是每個人都會受制於他所處的環境，男人也好，女人也罷，哪個能逃脫得了所遇到的幸與不幸呢？

可我們平時總會看到那些平和、快樂的人們，總會從內心升起羨慕和疑問，難道人家就沒有不順心的事？人家怎麼能天天這樣快樂呢？

其實，快樂的人，不是時時都快樂，他們也有情緒低落的時候，只不過這些樂天派們對待壓力的態度、作法不同。平日總是樂觀的人，他們就很會利用巧妙的方式方法排解自己的負面情緒，從而給人一種總是樂觀的感覺。

另一些人，在情緒低潮時，往往捲起袖子就開始工作，他們把低潮看得很嚴重，他們很想逼自己盡快走出低潮狀態，結果不但解決不了問題，反而使問題更加複雜。

當我們細心觀察平和、輕鬆的人時，我們會發現他們了解正負情緒的來來去去。總有一些時候，他們過得不怎麼快樂，對於他們來說，這是可以的，因為事情本來就是如此，他們接受不可避免的感覺更迭，所以，當他們感到沮喪、生氣或緊張時，他們也用同樣的開闊心態和智慧對待這些事情。他們不但沒有因為感覺不好就對抗這些情緒，他們反而自在地接納了這些情緒，知道這些也會過去。就因他們沒有盲目魯莽地對抗這些情緒，反而使他們更從容地接納了自己，也就是這個作法讓他們可以溫和而優雅地離開負面情緒，進入心靈的正面狀態。

當樂觀的人陷入情緒低潮時，與那些不樂觀的人差別似乎在於，他已經習慣他的低潮情緒，他似乎真的不在乎這些了，因為他知道，過些時候，他就會再度快樂起來。對他來說，這沒什麼大不了的。

當我們感到難過時，不要抗拒它，試著放鬆，看看除了恐慌，我們是否能夠保持從容與鎮定。不要對抗自己的負面情緒，只要我們很從容，他們就會像落日一樣消失在夜幕中。

我們應當學會以適當的角度來面對自己當前的苦惱，並明白世界總在不斷地變好。還有一條路可以讓我們更容易地找到快樂，那就是停止擔心超乎我們意志力之外的事。一般自己所憂慮的事情，九十九%根本就不曾發生過。

人活著，若整天擔心這個、憂慮那個，豈不是活得太痛苦了嗎？這種人無異於身懸一塊招牌：「此處專賣憂傷」。身體怎麼會健康呢？只好將這大好時光，也讓憂愁佔據了。

想過快樂生活的人們，當晨曦來臨，就應當脫下睡衣，迅速起來，然後告訴自己：「這是快樂的一天，我要好好地過。」接著精神抖擻地出門。當你走出去後，無論遇到長輩還是晚輩、有地位的還是沒地位的，都要很高興地向他們打招呼，說聲「早上好！」你會發現你的心情真的很好，前方迎接你的也是美好。

想過快樂生活的人們，要好好工作，只要是該做的事，不論大小，是輕是重，都要全力以赴。即使我們所做的工作不能盡如人意，也無所謂，只要盡了力，也就夠了。

無論是樂觀還是憂愁著的人們，不論我們處在什麼樣的工作環境中，我們都應該知道，我們快樂或者不快樂是由自己來決定的，快樂是自找的！打開心靈的窗戶，心才能夠通達，心靈的視覺才會清晰。來自心靈中的快樂，才是真正的快樂。

哲理感悟

當樂觀的人陷入情緒低潮時，與那些不樂觀的人差別似乎在於他已經習慣他的低潮情緒，他似乎真的不在乎這些了，因為他知道，過些時候，他就會再度快樂起來。對他來說，這沒什麼大不了的。

2. 人生道路，學會倒出鞋裡的沙

在非洲大草原上，有一種動物名叫吸血蝙蝠，它身體雖小，卻是野馬的天敵。這種蝙蝠時常趴在馬腿上，用鋒利的牙齒迅速咬破野馬的腿，然後再用尖尖的嘴吸血。無論野馬怎麼蹦跳和奔跑，都無法驅逐這種蝙蝠，因為它們實在太小了，不像獅子、虎、狼之類的猛獸，野馬可以用蹄子踢，用身子撞。蝙蝠卻可以站在野馬的身上，落在野馬的頭上，讓野馬在暴怒和流血中無可奈何地死去。

不起眼的蝙蝠，卻可以置高大威猛的野馬於死地，這看起來似乎有點不可思議。然而，這是真實存在的。別輕易小看蝙蝠的力量，這種生物小小的身體裡卻蘊藏著無以倫比的能量。

因此，我們必須小心，當你面對一種渺小到遠不是你對手的敵人時，更應格外謹慎。因為，他可能就是你的剋星。其實，大自然這種不可思議的邏輯，在人類社會中同樣存在。在現實生活中，也許能將自己擊敗的不是那些巨大的挑戰，而一些非常瑣碎的小事。不少人都有這樣的體驗：當災難突然降臨時，我們常會因恐懼、緊張，本能地產生一種巨大的抗爭力量。

曾聽過這樣一個故事：

有個十三歲的小女孩和父親在馬路上行走，這時，一輛轎車突然將父親壓倒在地上，當時，這個小女孩救父心切，也不知從那兒迸發出一股力量，她竟然把轎車的一邊抬了起來，父親安然脫險了。

試問一個十三歲的小女孩，能有多大的力氣，危急之中，她的手卻能力舉千斤。這就是我們體內產生的巨大抗爭力量。

在這種危險的挑戰中，我們每個人都有可能產生這種神奇的力量。然而，當困擾我們的是一些雞毛蒜皮的小事時，我們可能就會束手無策，因為它們只是生活的細枝末節，微不足道，常常被我們忽略。然而，正是這些微不足道的小事，卻可以無休止地消耗我們的精力，正像那隻小蝙蝠一樣能把強大的生命置於死地。

記得伏爾泰曾說過：「使人疲憊的不是遠方的高山，而是鞋子裡的一粒沙子。」說得妙極了！當我們跋山遠行時，並不懼怕前方的路程有多麼遙遠，只要有目標，我們都能勝利抵達終點。可怕的是，如果我們的鞋子裡有一粒沙子，它就可以磨爛我們的雙腳，阻擋我們前進的步伐，這樣走下去，我們就會行動不便，越走越累。這個時候，我們不要急於趕路，不妨坐下來休息一會兒，先把鞋子裡的那粒沙子倒出來。只有丟掉包袱，輕裝上陣，我們才能走得更快更穩。

哲理感悟

很多時候，在人生的道路上，我們在著急趕路的時候，不妨坐下來隨時倒出鞋子裡的沙子，只有丟掉包袱，輕裝上陣，我們才能走得更快、更穩。

亨利的身體狀況不太好，動輒失眠，心跳過速，四十多歲正當年的男子漢卻做不了多少工作，到醫院進行全面的身體檢查也沒有查出什麼大毛病。時間長了，才發現亨利心理狀態不正常，而這主要源於他對周圍人的一種強烈的嫉妒心。

這裡且不分析他之所以「見不得別人比他強」的思想緣由，單就其結果，對亨利身體的傷害來講，就足見嫉妒心的嚴重危害性，難怪西方某國已將嫉妒與痲風病相提並論。

3.化解害人害己的嫉妒心

嫉妒是一種難以公開的陰暗心理。在日常工作和社會交往中，嫉妒心常發生在一些與自己旗鼓相當的競爭對手身上。比如：公司同事升遷，某人由於心存芥蒂，事後就對這位同事工作上的「破綻」拚命攻擊。對方再如法炮製，以牙還牙，如此惡性循環，必然影響雙方的事業發展和身心健康。所以，要克服嫉妒心首先要先想一下後果，認清這樣做的危害性。

其次，如果被嫉妒心困擾，難以解脫，一定要控制自己，不做傷害對方的偏激行為。然後不妨用轉移的方法，將自己投入到一件既感到興趣又繁忙的事情中去。

工作及社交中嫉妒心理往往發生在雙方及多方，因此，注意自己的品格修養，尊重與樂於幫助他人，尤其是自己的對手，這樣不但可以克服自己的嫉妒心理，而且可使自己免受或少受嫉妒的傷害。同時還可以獲得事業上的成功，又感受到生活的愉悅，何樂而不為呢？根

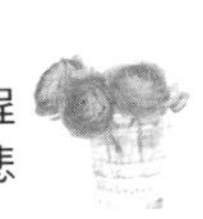

據每一個人的實際情況，注重提高自己的修養水準，是消除和化解嫉妒心的最佳對策。

伯特蘭・羅素是二十世紀聲譽卓著，影響深遠的思想家之一，一九五〇年諾貝爾文學獎獲得者。他在其《快樂哲學》一書中談到嫉妒時說：「嫉妒儘管是一種罪惡，它的作用儘管可怕，但並非完全是一個惡魔。它的一部分是一種英雄式的痛苦的表現。人們在黑夜裡盲目地摸索，也許走向一個更好的歸宿，也許只是走向死亡與毀滅。要擺脫這種沮喪的絕望，尋找康莊大道，人必須像他已經擴展了的大腦一樣，擴展他的心胸。他必須學會超越自我，在超越自我的過程中，學得像宇宙萬物那樣逍遙自在。」

哲理感悟

嫉妒心理不但對對方構成傷害，而且還對自己的生理與心理構成較大的危害。因此，人們要擴展自己的心胸，超越自我，拋棄嫉妒心理。

4. 放飛心靈，還原本性

放棄是一種睿智，它可以放飛心靈，可以還原本性，使你真實地享受人生；放棄是一種選擇，沒有明智的放棄就沒有輝煌的選擇。進退從容，積極樂觀，必然會創造光輝的未來。放棄絕不是毫無主見，隨波逐流，更不是知難而退，而是一種尋求主動，積極進取的人生觀。

劉晏是唐朝著名的政治家，善於管理經濟。他官至左僕射，是負責全國財政的大臣。他手中管理著全國億萬錢財，而自己的生活卻十分儉樸。他的馬車是舊的，衣服十分普通，幾乎與平常百姓一樣。

有一次，劉晏和車夫一起站在雪地裡吃燒餅，被幾個也要上早朝的官員看到便小聲譏諷道：「劉晏身為國家大臣，太寒酸了！」「嘿，他怎麼跟鄉巴佬似的！」

劉晏聽到了，毫不在意，說：「這燒餅很好吃！」

他的僕人聽了大家的譏諷，心中憋著氣，憤憤不平地說：「大人，您也太不講氣派了。您不覺得臉上無光啊！」

劉晏聽了，呵呵笑著說：「別被那些世俗的說法左右，個人要有主見。記住，仁人君子從來就是講求節儉的。一個人光講奢侈，那才是真正丟了身分呢！」

劉晏的家位於鬧市，居處人口雜亂。他的宅院既無高樓亭閣，亦無奇花異石。因此，朋友們勸他：「換個地方重新修座庭院，也可風光風光。」劉晏笑而不答，仍然住在原處。朋友們見他沒有行動，就暗地裡為他找了一塊地皮。那裡緊挨朝中一些大臣的宅第。若在那裡修起豪華住宅，該是令人十分羨慕的。地皮找好了，就告知了他。

「我們實在看不過去，你的住處太差了。一個普通的官員都比你的宅第強，何況你是掌管全國財賦的大臣呢！地皮都給你找好了，你就下決心修造新府第吧！」

劉晏想了想，說：「感謝你們對我的關心，但修建豪華住宅，我劉晏是絕不會做的。住宅能擋風禦寒，住人休息也就可以了，何必去追求豪華，希望各位明白我的主張。」

劉晏作為財政大臣，掌管著億萬錢財，他卻生活得依然儉樸，不貪、不佔、不為私欲所蒙蔽，保持著心靈虛明寧靜。所以他坦然大公，清正廉潔的美譽才得以不朽於世。

記得有這樣一句名言：「一個人自由不自由，不在於隨心所欲，而在於能時時順心盡意。」有權有錢，雖然可以隨心所欲，但這並不等於自由。

一位哲人說：「人的自由並不僅在於做他願意做的事，而在於永遠做他不願做的事。」這句話提醒人們任何自由都有限度，有規則。有了行為的不自由，才能獲得精神上的真正自由。精神自由的人，大多能慎物節緣，自甘平淡，保持寧靜的超然心境；做起事來不慌不忙，不躁不亂，；面對外界的各種變化不驚不懼，不慍不怒；面對物質引誘，心不動，手不癢；沒有物欲帶來的煩惱，沒有功名利祿的拖累；活得輕鬆、自在，這才是心靈的最大紓展。

我們不惜一切求取成功，可是，失敗是不可避免的。如果我們做得優雅，保持平衡，就可以得到平安，從經驗中成長。就像鬆開一個握緊的拳頭，我們會感到自在而有活力。

在追名逐利惟恐不及的現代社會裡，不要小瞧這不起眼的平淡心態，它能於利不趨，於色不近，於失不餒，於得不驕。它能抗拒物欲的誘惑，教你徹悟人生真諦，進入寧靜致遠的人生境界，不至於讓心猿意馬把你攪得心神不安。

以淡泊之心，看待世事的冷暖浮沉，才是審慎的良方；真正的智者對新奇之物往往漠然處之。人生猶如一場戲，有開幕自有閉幕，聰明人應讓自己有個好收場。

哲理感悟

放棄是一種睿智，它可以放飛心靈，還原本性，使你真實地享受人生；放棄是一種選擇，沒有明智的放棄就沒有輝煌的選擇。進退從容，積極樂觀，必然會創造光輝的未來。

5. 平常中包容一切幸福

人生在世，煩惱不會永遠離開，但我們也不要忘記，生命中有死亡的悲痛，同時也有生的喜悅；有衰老的無奈，同時也有青春的飛揚。而這些也都不過是現實世界中的曲折。

人心很容易被種種煩惱和物欲所捆綁，但都是自己把自己關進去的，是自投羅網的結

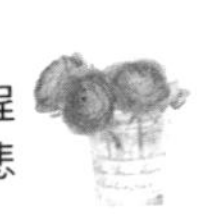

果，就像章魚，作繭自縛。

有人信奉生活就是享受，「盡情享受」才叫生活；有人以為，生活就是奔忙，「忙著賺錢」才叫生活；有人迷惘，生活就像一場戲，各種角色粉墨登場，讓人眼花撩亂、真假難辨；有人抱怨，生活就像是破舊的板車，拉著它爬坡把人累得身心交瘁、不能脫手也透不過氣，真好比京劇中的那聲叫板：「苦哇……」

學會生活，說起來簡單，做好卻不容易。

人常說，生活是一門學問。而對這門「學問」的理解，則見仁見智，各有不同。

的確，較之於那些叱吒風雲的偉人，驚天動地的業績，平常之人的平常之事，就未免顯得平淡無奇了。但是，平常畢竟是生命的主體，也是生活的主體。就絕大多數人而言，終生作為平常之人，擁有平淡無奇的生命；就絕大多數職業來說，永遠只為平常之事，擁有平淡無奇的紀錄。即使在燦爛多彩的社會生活中，那種波瀾壯闊的英雄之勢，驚天動地的歷史事件，畢竟也只在很少的時候出現。

在絕大多數的時候，社會的腳步也只是悄無聲息地移動，猶如一條平淡無奇的河流。所以，對於生命主體和生活主體的蔑視甚至否定，實質上就是對生命和生活本身的蔑視和否定，而蔑視和否定生命和生活的本身，就會陷入一種無所作為的「迷宮」，使生命的意義和生活的情趣蕩然消逝，應該說，這確是我們生命的一大盲點和一道凋殘的敗景。

既然平常事物是生命和生活的主體，珍惜平常事物對我們來說就顯得格外重要。當我們以一種極為珍惜的感情去生活時，就不免意外地發現：平淡無奇的深處也蟄伏著驚人的美麗，那披著燦爛雲霞的黎明；那提籃買菜時聽到的大聲吆喝；那廚房鍋碗瓢盆的交響；那如羽毛般潔白的流雲；那流雲般燦爛的花朵；那花朵般迷人的少女，無不令人怦然心動。

至於人與人之間在平常中的無數交流，默契理解，如真誠的問候，陌生人的微笑，困難時的微薄相助，勝利時的歡樂共振，也無不令你感泣陶醉。平常之所以值得珍惜，既是因為它存在於現實之間，每個人都毫無例外地擁有，又是因為它深潛著理想因子，並非每個人都能發掘。而且一旦失去之後，它就會顯示出驚人的價值和增值的能力。

一位國外知名作家在失去自由隱居一年之後，有人問他最想念什麼，他深有感觸地回答：「我想念的是平常的生活：在街上散步，到書店裡從容瀏覽書籍，到雜貨店裡買東西，到電影院去看一場電影……我想念的只是這些平常的小事情，你有這些事情可做時，認為一點也不重要，當你不能做的時候，才知道那是生命中的要素，是真正的生命。取消這些事情，是最大的剝奪。」

這段表白，真是再真實不過地闡述了平常的價值。珍惜平常絕不意味著安於現狀。人類的偉大在於生命永不休止的渴望和追求，歷史的嬗變在於千百萬創造歷史的人們永無休止地工作。生命是一個過程，而生活是一條小舟。當我們駕著生活的小舟在生命這條河中款款漂

流時，我們的生命樂趣，既來自於與驚濤駭浪的奮勇搏擊，也來自於對細水微瀾的默默尋思；既來自於對偉岸高山的深深敬仰，也來自於對草地低谷的切切愛憐。

所以我們平常的生命平常的生活一經昇華，就會變得不那麼平常起來。因為，生命和生活是美麗的，這種美麗，恰恰蟄伏於最容易被我們忽略的平平常常之中。

沒有把平常日子過好的人，不會品味到人生的幸福；沒有珍惜平常的人，不會創造出驚天動地的偉業，因為平常包容著一切，孕育著一切，一切都蘊涵在平常之中。

哲理感悟

珍惜平常絕不意味著安於現狀。人類的偉大在於生命永不休止的渴望和追求，歷史的嬗變在於千百萬創造歷史的人們永無休止地工作。生命是一個過程，而生活是一條小舟。

6. 面對生活，一切隨緣

灑脫人生，不是玩世不恭，更不是自暴自棄。灑脫是一種思想上的輕裝，灑脫是一種目光的朝前。有灑脫才不會終日鬱鬱寡歡，有灑脫才不覺得人生活得太累。

三伏天，禪院的草地枯黃了一大片。「快撒點草種子吧！好難看啊！」小和尚說。「等天涼了」。師父揮揮手：「隨時！」

中秋，師父買了一包草籽，叫小和尚去播種。

秋風起，草籽邊撒、邊飄。「不好了！好多種子都被吹飛了。」小和尚喊。「沒關係，吹走的多半是空的，撒下去也發不了芽。」師父說：「隨性！」

撒完種子，跟著就飛來幾隻小鳥啄食。「要命了！種子都被鳥吃了！」小和尚急得跳腳。

「沒關係！種子多，吃不完！」師父說：「隨遇！」

半夜一陣驟雨，小和尚早晨衝進禪房：「師父！這下真完了！好多草籽被雨沖走了！」

「沖到哪兒，就在哪兒發芽！」師父說：「隨緣！」

一個星期過去了。原來光禿的地面，居然長出許多青翠的草苗。一些原來沒播種的角落，也泛出了綠意。

小和尚高興得直拍手。

師父點頭：「隨喜！」

隨不是隨便，是順其自然，不怨、不躁、不勉、不強。

隨不是隨便，是把握機緣，不悲觀、不刻板、不慌亂、不忘形。

懂得了這一點，我們才能挺起剛勁的脊梁，披著燦爛的陽光，找到充滿希望的起點。

向著理想而奮鬥，要注意無為而為。有意發展，無意成功，也就是鍥而不捨，功到自然成。一心向著理想，不問結果。

一個人的性格，往往在大膽中蘊涵了魯莽，在謹慎中伴隨著猶豫，在聰明中展現了狡猾，在固執中折映出堅強，羞怯會成為一種美好的溫柔，暴躁會表現一種力量與激情，但無論如何，豁達，對於任何人，都會賦予他們一種完美的色彩。

一般認為，豁達是一種人生的態度，但從更深的層次看，豁達卻是一種為人處世的思維與實踐。

有的人性情並不很開朗奔放，但對待事情卻幾乎從不見有焦躁緊張的時候。這並不是他好運亨通。細細觀察體會，我們就不難發現這種人有一些與眾不同的反應方式：比如，他被小偷扒走了錢包，發現後嘆息一聲，轉身便會諮詢丟失的身分證、信用卡、月票的補辦手續。這些，反映出他的一種很根本的思考方式，那就是承認事實並面對現實。事實一旦來臨，不管它多麼有悖於心願，但這畢竟是事實。大部分人的心理會在此時產生波動抗拒，但一個豁達者，他的興奮點會迅速繞過這種無益的心理衝突區域，馬上轉到下邊該做什麼的思路上去了。事後，也的確會發現，發生的不可再改變，不如做些彌補的事情後立刻轉向，而不讓這些事情在情緒的波紋中擴大它的陰影。這堪稱是一種最大的心理力量。

所以，面對生活的無奈，我們可以一切隨緣，豁達對待。

哲理感悟

向著理想而奮鬥，要注意無為而為。有意發展，無意成功，也就是鍥而不捨，功到自然成。一心向著理想，不問結果，一切隨緣，豁達對待。豁達是人生的一種大境界。

7. 內心的快樂才是永遠

在短短的人生之旅中，人人都有所求。有的人求子孫滿堂，即得滿足；有的人求福如東海，深感幸福；有的人求無上智慧，最是得意；有的人求萬事如意，甚為歡喜。如果就表面看來，他們所求各不相同，但萬涓細流，匯聚成海，歸根結柢，他們所求的仍然是快樂。

我們的心靈需要快樂，所以我們的心靈更需要呵護！

防止心靈受到污染，就得擺脫使你的生活變得錯綜複雜的那些惱怒。若一個人在所求當

中處處不肯吃虧，則處處必想佔便宜，於是，妄想日生、驕心日盛。而一個人一旦有了驕狂的心態，肯定會侵害別人的利益，於是便起紛爭，在四面楚歌之下，又焉有不敗之理？

因此，人最難做到的是在所求當中求一份自然，即「吃虧是福」。這個前提是「知足」「安分」。「知足」則會對一切都感到滿意，對所求得到的一切，內心充滿感激之情；「安分」則使人從來不奢望那些根本就是不可能得到的或根本就不存在的東西。沒有妄想，也就不會有邪念。所以，表面上看來「吃虧是福」以及「知足」「安分」會給予人以不思進取之嫌，但是，這些思想也是在教導人們要成為對自己有清醒認識的人，做一個清醒正常的人。因為，即不需要任何理論就可以證明的是：一切的禍患，不都是在於人的「不知足」與「不安分」，或者說是不肯吃虧上嗎？

中國傳統思想中有一種不朽的東西，即寧可吃一些虧，以換來非常難得的和平與安寧。而在此和平與安全時期之內，我們可以重新調整我們的生命，並使它再度放射出絢麗光芒。「吃虧」也許是物質上的損失，但是一個人的幸福與否，卻往往是取決於他的心境。如果我們用外在的東西，換來了心靈的平和，那無疑是獲得了人生的幸福，這便是值得的。

有故事云：終南山麓，水豐草美。在這一帶出產一種快樂藤，凡是得到它的人一定會喜形於色、笑顏逐開，不知煩惱為何物。曾經有一個人為了得到快樂，不惜跋千山涉萬水去找它。不料他歷盡千辛萬苦來到終南山麓，雖然得到了快樂藤，卻仍然不快樂。

這天晚上，他在山下一位老人屋中借宿，面對皎潔的月光，不由慨然長嘆。他問老人：為什麼我已經得到了快樂藤，卻仍然不快樂？老人一聽笑了：其實，快樂藤並非終南山才有，而是人人心中都有，只要你有快樂的根，無論走到天涯海角，都能夠得到快樂。

人心浩瀚，可以容納許多東西，但如果我們的心靈總是被自私、貪婪、卑鄙、懶惰所籠罩，不論我們富甲天下或是位極至尊，也不可能求得快樂。但如果我們的心靈能不斷得到堅韌、頑強、刻苦、淳樸之泉的灌溉，不論我們一貧如洗或是位卑如蟻，也可以求得快樂。

是啊！人生一世，草木一秋，能夠快快樂樂開開心心地過一生，相信這是每個人的夢想。可心靈也是最柔弱最細膩的，如果你不懂得以吃虧是福來呵護自己的心靈，你就不可能求得快樂；而一旦心靈得到關愛，你就可獲得無上快樂。說到底：內心的快樂才是永遠。

哲理感悟

人心浩瀚，能容納許多東西，但如果我們的心靈總被自私、貪婪、卑鄙、懶惰所籠罩，不論我們富甲天下或位極至尊，也不可能求得快樂。但如果我們的心靈能不斷得到堅韌、頑強、刻苦、淳樸之泉的灌溉，不論我們一貧如洗或是位卑如蟻，也可以求得快樂。

8. 掌握創造幸福的力量

不論是幸運或不幸的事，人們心中習慣性的想法往往佔有決定性的影響地位。有一位名人說：「困苦人的日子都是愁苦；心中歡暢者，則常享豐筵。」這段話的意義是告誡世人設法培養愉快之心，並把幸福當成一種習慣，那麼，生活就好像一連串的歡宴。

一般而言，習慣是生活的累積，是能刻意造成的，因此，人人都掌握有創造幸福的力量。養成幸福的習慣，主要是憑藉思考的力量。首先，你必須擬訂一份有關幸福想法的清單，然後，每天不停地思考這些想法，其間若有不幸的想法進入你的心中，你得立即停止，並設法將之摒除掉，尤其必須以幸福的想法取而代之。

此外，在每天早晨下床之前，不妨先在床上舒暢地想著，然後靜靜地把有關幸福的一切想法在腦海中重複思考一遍，同時在腦中描繪出一幅今天可能會遇到的幸福藍圖。如此一來，不論你面臨什麼事，這種想法都將對你產生積極的效用，幫助你面對任何事，甚至能夠將困難與不幸轉為幸福。相反，倘若你一再對自己說：「事情不會進行得順利的。」那麼，你是在製造自己的不幸，而所有關於「不幸」的形成因素，不論大小都將圍繞著你。

有一位不幸的人，他每天總在吃早餐時對他太太說：「今天看來又是不愉快的一天。」雖然他的本意並非如此，充其量不過是一句遁詞而已，因為他口中儘管這麼說，實際上在心中卻也期待著會有好運來臨。然而，一切情況卻如他所想的都糟透了。因為心中若預存不幸的想法，事情都將變成不利的情況。因此，在一天的開始即心存美好的期盼，是相當重要的。

古時候有一位國王，夢見山倒了、水枯了、花也謝了，便叫王后給他解夢。王后說：「大事不好。山倒了指江山要倒；水枯了指民眾離心，君是舟，民是水，水枯了，舟也不能行了；花謝了指好景不長了。」國王聽後驚出一身冷汗，從此患病，且愈來愈重。一位大臣要參見國王，國王在病榻上說出了他的心事，哪知大臣一聽，大笑說：「太好了，山倒了是指從此天下太平；水枯了是指真龍現身，國王，您是真龍天子；花謝了，花謝見果呀！」國王聽後全身輕鬆，很快痊癒。

是的，不幸和失敗恰似一條飛流直下的瀑布，看上去彷彿湍湍急瀉、不可阻擋，實際上卻可以憑藉人們的智慧和勇氣，讓其改變方向，朝著人們期待的目標潺潺而流。只有這樣，許多事物才可能有美好的發展。

哲理感悟

憑藉思考的力量，養成幸福的習慣。一般而言，習慣是生活的累積，是能夠刻

意造成的，因此，人人都掌握有創造幸福的力量。

9. 幸福就在你的身邊

人生的目的是追求幸福，而幸福大多是主觀的，它原本就深植於人們心中，在生存需求的滿足中。因而，幸福無所不在。但它卻不是有了錢便能滿足的，或任何一個人都能體會得到的，因為真正的幸福美滿是那些不能用金錢去衡量的智慧和修養。不然的話，富人今天個個都是快活神仙了。

有個叫杜朗的人曾敘述過他尋找幸福的經歷：

他先從知識裡尋找，得到的是幻滅；從旅行裡尋找，得到的是疲勞；從財富裡尋找，得到的只是爭鬥和憂愁；從寫作中尋找，得到的只是勞累。

難道知識、旅行、寫作，與幸福快樂絕緣嗎？顯然不是，是杜朗的心態出了問題。後來，他改變了消極的態度，就有了幸福的新發現。

在火車站裡，他看到一位中年男子走下列車後，直接來到一輛汽車旁，先吻了一下車內的妻子，又輕輕地吻了一下妻子懷中熟睡的嬰兒——生怕把他驚醒。然後，一家人就開車離開了。杜朗由此感慨到：生活中的每一項正常活動都帶有某種幸福的成分。

對於某個人來講，你可能是幸福的、滿足的，也可能是不幸福的。決定你幸福與否的因素只有一點，你接受積極還是消極心態的影響，而這個因素是你所能控制的。

心理學家說：幸福與心態的積極與否密切相關。如果一個人決心獲得這種幸福，那麼就能得到這種幸福。而心態消極的人不僅不會吸引幸福，相反還排斥幸福。即使幸福悄然降臨到身邊時，也會毫無覺察，或者失之交臂。

有這樣一個故事：

一個人歷盡艱險去尋找天堂，終於找到了。當他欣喜若狂地站在天堂門口歡呼「我來到天堂了」時，看守天堂大門的人詫然問他：「這裡就是天堂？」歡呼者頓時傻了：「你難道不知道這兒就是天堂？」

守門人茫然搖頭：「你從哪裡來？」

「地獄。」

守門人仍是茫然。歡呼者慨然嗟歎：「怪不得你不知天堂何在，原來你沒去過地獄！」

你若渴了，水便是天堂；你若累了，床便是天堂；你若失敗了，成功便是天堂；你若是痛苦了，幸福便是天堂。總之，若沒有其中一樣，你斷然不會擁有另一樣的。天堂是地獄的終極，地獄是天堂的走廊。當你手中捧著一把沙子時，不要丟棄它們，因為金子就在其間蘊藏。

對我們說來，幸福就是把自己的工作做好，又能擁有輕鬆休憩的時候。

幸福是當我們對自己及周圍環境或人生目的感到滿足、和諧的一種狀態。人生的幸福大多是主觀的，因而，幸福無所不在。

許多人在生活「太順利」的時候會感到無法接受，他們渴望刺激，同時也平添許多煩惱。他們總認為自己過的不應該是這種日子。於是，他們開始細數自己所欠缺的東西，而這往往又加深了他們遺憾的程度。

其實，我們擁有的東西已經很多了。我們之所以不滿意，之所以惆悵，是因為我們在比較的過程中片面地誇大了別人所擁有的，而將自身的許多寶貴的東西忽略了。

通常情況下，我們都會有這樣一種感受，就是在失去某些原以為理所當然應有的幸福之後，反而會心存感激，並懂得珍惜。例如，驚慌失措地發現孩子走失，而孩子平安歸來；伴侶出了車禍，不過幸好只是皮肉傷；胸前的腫塊經過層層檢查，幸好不是惡性腫瘤……

平安的孩子、健康的身體、快樂的家庭、美滿的婚姻……這些不都是你原本就擁有的嗎？所以，不必憂愁，不必煩惱，因為你擁有的東西也是很多的。說不定，當你羨慕別人時，正有別人在羨慕你。珍惜你的一切幸福、快樂，就是對人生最好的饋贈。

哲理感悟

幸福無所不在。幸福就是你對自己及周圍環境或人生目的感到滿足、和諧的一種狀態。心態決定了你的幸福。當你擁有一顆積極、健康的心，你身邊的一切都將變得幸福、美好。

10. 清理心靈，讓生活更簡單

生活和工作中的不如意會使我們的心理產生巨大的消極情緒，各式各樣的消極情緒如憂鬱、無聊、困惑、無奈等會使我們背負很大的思想包袱，如果我們不適當地對情緒進行排解，任其積壓在心裡，久而久之，就會轉化成吞蝕我們幸福生活的惡魔。所以我們應該及時清理負面情緒，去除影響我們心理的一切因素。只有這樣，我們才能達到心靈的寧靜，獲得快樂的生活。

出門旅行，如果你帶太多的行李上路，便會因為要照顧它們而無心觀賞風光。生命旅程

中的行李，往往是我們對種種事物刻意保留的殘存記憶。表面上，我們好像把事情處理了，心裡卻接受不了，不想面對，最終還是把它撿起來了。於是我們的行李愈來愈重，直至拎起來令我們舉步維艱。由此看來，在人生旅途中你能得到多少，取決於你究竟放棄了多少。

人生就像是一段旅程，我們從一出生就開始累積東西，包括名譽、地位、財富、親情、人際關係、健康、知識，也包括了煩惱、鬱悶、挫折、沮喪、壓力，等等。而有的，早該丟棄而未丟棄，早該儲存而未儲存。

我們是不是太忙了，以至於沒有時間靜下心來，替自己做個「清理」？這種清理，就好像是「盤點庫存」。你總要了解自己的庫裡還有什麼，某些貨物如果不能限期銷售出去，最後很可能會因積壓過多而拖垮你。

一個青年背著個大包裹千里迢迢跑來找無際大師，他說：「大師，我是那樣地孤獨、痛苦和寂寞，長期的跋涉使我疲倦到極點；我的鞋子破了，荊棘割破雙腳；手也受傷了，流血不止；嗓子因為長久的呼喊而喑啞……為什麼我還不能找到心中的陽光？」

大師問：「你的大包裹裡裝的什麼？」

青年說：「它對我可重要了。裡面裝的是我每一次跌倒時的痛苦，每一次受傷後的哭泣，每一次孤寂時的煩惱……靠著它，我才能走到您這兒來。」

於是，無際大師帶青年來到河邊，他們坐船過了河。上岸後，大師說：「你扛了船趕路吧！

「什麼，扛了船趕路？」青年很驚訝，「它那麼重，我扛得動嗎？」

「是的，孩子，你扛不動它。」大師微微一笑，說：「過河時，船是有用的。但過了河，我們就要放下船趕路，否則，它會變成我們的包袱。痛苦、孤獨、寂寞、災難、眼淚，這些對人生都是有用的，它能使生命得到昇華，但須臾不忘，就成了人生的包袱。放下它吧！孩子，生命不能太負重。」

青年放下包袱，繼續趕路，他發覺自己的步子輕鬆而愉悅，比以前快得多。原來，生命是可以不必如此沉重的。

在人生的許多關口上，我們幾乎隨時隨地都要做「清理」。唸書、就業、結婚、生子、換工作、退休……每一次的轉折，都迫使我們不得不做一番清理，把更多的位置空出來，讓自己活得更輕鬆，更自在。

人的一生不可能總是一帆風順，難免會有一些煩心的事干擾著我們，甚至有時候會讓人喘不過氣來。生活中總會遇到許許多多的挫折和失敗，我們不可能都細細盤算。在這種情況下，我們就應該學會清理。

儘管生活中有許多不幸，但也有許多樂事。我們為何不「剔」掉那些令人煩惱的事？為何不生活得輕鬆簡單一些？去尋找和發現一些讓人歡欣、讓人高興的事呢？

哲理感悟

人生就像是一段旅程，我們從一出生就開始累積東西，包括名譽、地位、財富、親情、人際關係、健康、知識，也包括了煩惱、鬱悶、挫折、沮喪、壓力，等等。而有的，早該丟棄而未丟棄，早該儲存而未儲存。

11. 想更幸福，就要與不如自己的人相比

如果你想幸福，有一件非常簡單的事你能做：那就是與那些不如你的人、比你更窮、房子更小、車子更破的人相比，如此一來，你的幸福感就會增加。可問題是，許多人總是做相反地事，他們總是與比他們強的相比，這會生出很大的挫折感，會出現焦慮，覺得自己不幸福。

行為經濟學家說，我們越來越富，但使人並不覺得幸福的部分原因是，我們總是拿自己與那些物質條件更好的人相比。

快樂是需要比較的，它沒有止境，沒有標準，而只是看你對它的認識如何，看你對它怎樣解釋而已。

每一個人都不免有時厭倦、煩悶和不滿足，逢到這種時候，就是我們把自己設想到一個更沒希望、更辛苦、更困難的境地的時候。因為無論我們是不是認為自己已經夠苦，總還有那些比我們活得更辛苦、更沒有意義甚至於看來更沒有希望的人們，而他們卻是在那裡認真地抱著希望地活著。在他們心裡想，如果他們有一天能達到我們現在所過的生活，他們一定會覺得心滿意足，不再會有任何奢望苛求了。

康乃爾大學的教授羅伯特•法蘭克說，當被問到你是願意自己賺十萬美元，其他人賺二十萬美元，還是願意你自己賺十萬美元而別人只賺八萬美元時，大部分的美國人選擇後者，他們寧願自己少賺，別人不要超過他，也不願意自己多賺別人也多賺。

法蘭克曾寫過一篇題為《多花少存：為什麼生活在富裕的社會裡卻讓我們感到更貧窮》的論文，他在這篇論文裡寫道，就說住房，一個人到底需要多大的住房？那要取決於他周圍的人擁有多大的住房，如果鄰居的住房小，他也不需要太多的住房，如果人家有一所大住房，那麼他就需要一所更大的住房，無論他是否真的需要。

列夫•托爾斯泰說：「大多數人都想改變這個世界，但卻極少有人想改造自己。」

《道德經•三十三章》中說：「知人者智，自知者明；勝人者有力，自勝者強；知足者富，強行者有志；不失其所者久，死而不亡者壽。」它與「知足常足。終生不辱；知止常止，終生不恥」可謂有異曲同工之妙。一個人無論擁有多少財富，權勢無論有多高，如果不知滿足，就永遠生活在爭權奪利之中，那種奔波忙碌的情形和窮人並無區別。

「人心不足蛇吞象」，它形象表明了人的欲望永遠不知滿足的醜態。要想真正享受人生的樂趣，基本信條就是「知足常足，知止常止」。

欲望的滿足不是滿足，而是一種自我放逐，欲望會帶來更多更大的欲望。如果我們為欲望所左右，為欲望的不能滿足而受煎熬，那麼人生還有什麼滋味可言？

在西方，也有這樣一種凡事皆不可過貪的思想。因此，希臘神話總是充滿寓意的。伊卡羅斯藉著裝在身上的蠟翼飛得很高，但是，在接近太陽時，熾熱的陽光烤化了翅膀，他也墜海而死。而他的父親卻飛得很低，最後安全抵家。一個人往往會隨年齡的變化而使自己的思想更為成熟，同時也會更多地減少人生中的錯誤。

「知足者常樂」，這是人們通常說服別人或用來說服自己、求得心理平衡的一句最經典的話，也是修身的原則之一。《老子》也說：「知足之足，常足矣。」大則憂國憂民，感時憂憤；小則憂家憂己，往往都是憂多於喜，要說服別人或說服自己還就得這樣想。人往高處走，水往低處流，誰不想生活、工作條件好些，精神安逸些？想歸想，未必都能一一滿足，在各種理想、願望，甚至連小小的打算都未能成為現實的時候，你就要學會承認和接受現實，並且不消極、不失望，自己尋找心理平衡。

不管富貴與貧窮，在物質世界和精神世界中，只要開開心心，生活的趣味就會更濃厚，更有意義，自然恐懼和壓抑感就會在內心深處消失。

哲理感悟

快樂是需要比較的，它沒有止境，沒有標準，而只是看你對它的認識如何，看你對它怎樣解釋而已。

國家圖書館出版品預行編目資料

捨得：人生是一個捨與得的歷程，不以得喜，不以失悲 / 劉襄淇作. -- 初版. -- 新北市：華志文化, 2013.11
面； 公分. --（心理勵志小百科；16）

ISBN 978-986-5936-58-7（平裝）

1. 人生哲學 2. 修身

191.9 102019703

華志文化事業有限公司
系列／心理勵志小百科016
書名／捨得：人生是一個捨與得的歷程，不以得喜，不以失悲

作者 劉襄淇
執行編輯 林雅婷
美術編輯 黃美惠
封面設計 黃雲華
文字校對 陳麗鳳
企劃執行 康敏才
總編輯 黃志中
社長 楊凱翔
出版者 華志文化事業有限公司
電子信箱 huachihbook@yahoo.com.tw
地址 116台北市文山區興隆路四段九十六巷三弄六號四樓
電話 02-22341779
印製排版 辰皓國際出版製作有限公司

總經銷商 旭昇圖書有限公司
地址 235新北市中和區中山路二段三五二號二樓
電話 02-22451480
傳真 02-22451479
郵政劃撥 戶名：旭昇圖書有限公司（帳號：12935041）
電子信箱 s1686688@ms31.hinet.net

出版日期 西元二〇一三年十一月初版第一刷
售價 二五〇元

華志文化

華志文化